Schriften des deutschen Vereins

für

Armenpflege und Wohltätigkeit.

Sechsundsiebzigstes Heft.

Verhandlungen der sechsundzwanzigsten Jahresversammlung
am 3. März 1906 in Berlin.

Leipzig,
Verlag von Duncker & Humblot.
1906.

Stenographischer Bericht

über

die Verhandlungen der 26. Jahresversammlung

des

deutschen Vereins für Armenpflege und Wohltätigkeit

am 3. März 1906 in Berlin.

Inhalt:

Die Novelle zum Gesetz über den Unterstützungswohnsitz.

Leipzig,
Verlag von Duncker & Humblot.
1906.

Alle Rechte vorbehalten.

Inhaltsverzeichnis.

                                                                                                    Seite

Sitzung: Sonnabend, den 3. März 1906, vormittags 9½ Uhr.

Einleitende Verhandlungen   1
Geschäftliche Mitteilungen   3
Die Novelle zum Gesetz über den Unterstützungswohnsitz . . .   6
    Berichterstatter Stadtrat Dr. Münsterberg (Berlin)   6
Debatte 27
Wahlen 79
Schlußverhandlungen 79
Verzeichnis der Redner 81

Verzeichnis der Mitglieder des Deutschen Vereins für Armenpflege und
    Wohltätigkeit   I
Zentral-Ausschuß XIII

Sitzung am Sonnabend den 3. März, vormittags 9½ Uhr.

Der Vorsitzende, Stadtrat Ludwig-Wolf-Leipzig, eröffnet die Sitzung gegen 10 Uhr.

Vorsitzender: Hochverehrte Damen und Herren! Im Namen und Auftrage des Zentralausschusses des Deutschen Vereins für Armenpflege und Wohltätigkeit eröffne ich hiermit die 26. Jahresversammlung dieses Vereins und begrüße alle die, welche hierher gekommen sind zu gemeinsamer und hoffentlich recht gedeihlicher Arbeit mit uns. Insbesondere begrüße ich den Herrn Oberbürgermeister der Stadt Berlin und begrüße weiter als Ehrengäste, gesandt von der Reichsregierung beziehentlich von der preußischen Regierung, Herrn Geheimen Regierungsrat Dammann und Herrn Geheimen Regierungsrat v. Gersdorff. Es wird uns durch die genannten Stellen die Teilnahme bezeugt, welche sie unsrer Arbeit schenken, und wir sind dafür auf das herzlichste dankbar. Wir sind hauptsächlich auch dafür dankbar, daß die Herren in Person hier in unserer Mitte sind, um mit eigenen Augen und eigenen Ohren sich zu überzeugen, in welcher Weise der Verein arbeitet, in welcher Weise der Verein seine vielleicht entgegengesetzte Meinung begründet.

Ich erteile zunächst das Wort dem Herrn Oberbürgermeister Kirschner.

Oberbürgermeister Kirschner-Berlin: Meine hochverehrten Damen und Herren! Ich bin hier erschienen, um im Auftrage der städtischen Behörden Sie bei Beginn Ihrer Tagung auf das herzlichste zu begrüßen. Sie wissen, daß die Stadt Berlin von Anfang an an der Begründung und an den Bestrebungen Ihres Vereins den herzlichsten und innigsten Anteil genommen hat. Sie haben sich ein schönes, ein edles Ziel gesteckt: denjenigen, welche der Hilfe bedürftig sind, Hilfe zu leisten, sie zu fördern, sie möglichst wieder selbständig zu machen und, soweit das nicht möglich ist, ihnen ihre Lage zu erleichtern und sie zu unterstützen, bis sie ihren Erdenlauf vollendet haben. Mögen Ihre Beratungen Sie diesem Ziele und der Erfüllung Ihrer Bestrebungen näher führen!

Auf Ihrer Tagesordnung steht ein Gesetzentwurf, der, wenn er Gesetz werden sollte, geeignet ist, in die Organisation und in die Wirkung der öffentlichen Armenpflege einzugreifen in einer Weise, wie vielleicht nie vorher ein Gesetzentwurf. Möge es Ihnen möglich sein, das Material, welches zur Beurteilung der Vorlage der verbündeten Regierungen erforderlich ist, sachlich zu sichten und dadurch den Boden zu gewinnen für eine allen Teilen nützliche und segensreiche Beurteilung! Mögen die Beschlüsse, die Sie in dieser Beziehung fassen werden, an maßgebender Stelle diejenige Beachtung erfahren, die sie mit Rücksicht auf die Zusammensetzung Ihres Vereins und die geistigen Kräfte, die in ihm wirksam sind, verlangen können. Ich heiße Sie herzlich willkommen.

(Lebhafter Beifall.)

Vorsitzender: Für die Wünsche, die Sie eben aus dem Munde des Herrn Oberbürgermeisters gehört haben, ist es mir ein Bedürfnis, im Namen des Vereins auf das herzlichste zu danken.

Sie hatten bereits gestern, Herr Oberbürgermeister, bei dem Festmahl hier die Güte, in Ihrer Ansprache und Begrüßung darauf hinzuweisen, daß in unserem Vereine die verschiedensten politischen Richtungen vertreten sind. Es sind nicht bloß verschiedene politische Richtungen, die hier vertreten sind, — es sind in unserem Vereine auch die verschiedensten Konfessionen und Glaubensbekenntnisse vertreten; wir haben Vertreter der städtischen und der ländlichen Armenpflege, Vertreter der Landarmenverbände und andrer staatlicher und kommunaler Behörden, wir haben Vertreter der offiziellen Armenpflege in den Vereinen und Vertreter der freien Liebestätigkeit. Es ist uns in einem Zeitraum von 25 Jahren gelungen, alle diese, sehr oft doch durch ihre Betätigung auseinanderstrebenden Elemente zusammenzuhalten und zusammenzubinden zu einträchtigem Wirken.

Wodurch ist es uns gelungen? Lediglich dadurch, daß wir fest gestanden haben auf dem von uns von Anfang an angenommenen Prinzip des suum cuique. Wir haben uns bestrebt, jedem Teile sein Recht widerfahren zu lassen. Wir haben uns bestrebt, auf die Sachen tief und vorurteilslos einzugehen — und nur dadurch ist es uns möglich geworden, Gerechtigkeit nach allen Seiten hin zu üben.

Wenn der Verein nun an dem heutigen Tage einer Regierungsvorlage gegenübersteht, gegen die er, wie die geehrten Herren dann finden werden, etwas Front zu machen genötigt ist — und zwar Front zu machen genötigt ist, während er doch auf demselben Boden steht, wie die verbündeten Regierungen in der Anerkennung des Notstandes, den man zu heben beabsichtigt, und auch in bezug auf das Ziel die Ansicht der verbündeten Regierungen teilt, daß es ein dringendes Gebot ist, endlich einmal hier in dieser Beziehung dauernde und gründliche Abhilfe zu schaffen —, so ist es nur der Weg nach diesem Ziele, in dem wir uns unterscheiden.

Wenn wir nun genötigt sind, das Messer der Kritik an diese Regierungsvorlage anzusetzen, so meine ich doch, daß wir auch an dem heutigen Tage uns bestreben müssen, unserm alten Wahlspruch suum cuique gerecht zu werden. Je konzilianter die Kritik ist, je mehr sie sich bestrebt, die Sache sachlich zu behandeln und alle persönlichen oder Interessenschärfen von der Hand zu weisen, um so mehr darf sie hoffen, dann ihr Ziel und ihren Zweck zu erreichen. Und deshalb bitte ich alle die Anwesenden, nach diesem

Gesichtspunkt verfahren zu wollen, wenn sie hier auf das Rednerpult treten.

Und dann, verehrte Anwesende, hätte ich noch eine Bitte auszusprechen an alle diejenigen, die heute das Wort nehmen. Die heutige Tagesordnung ist bis zu einem bestimmten Grade sehr verführerisch; sie kann sehr leicht dazu verführen, Bestrebungen und Dinge in den Kreis der Debatte zu ziehen, die eigentlich nicht streng zu unsrer Tagesordnung gehören, die sozusagen neben der Tagesordnung und neben dem heutigen Thema nebenherlaufen. Ich möchte dringend darum bitten, damit unsre Verhandlungen möglichst kompreß und zusammenfassend werden, all diesen disparaten Gedanken, die vielleicht hier dem oder jenen nahe treten, doch keinen Einfluß oder möglichst wenig Einfluß gestatten zu wollen. Wenn wir das tun, dann dürfen wir wohl hoffen, hochverehrte Anwesende, daß wir mit der heutigen Versammlung einen neuen 25 jährigen Zeitraum der Wirksamkeit unsers Vereins gedeihlich einleiten. Und das gebe Gott!

Wir schreiten zur Konstituierung unsrer Versammlung — und da nach dieser Richtung nach unsern Satzungen der Zentralausschuß Vorschläge zu machen hat, so gebe ich das Wort zunächst Herrn Bürgermeister v. Hollander=Mannheim.

Bürgermeister v. Hollander=Mannheim: Meine Damen und Herren, ich erlaube mir, im Auftrage des Zentralausschusses in Vorschlag zu bringen zum Vorsitzenden für diese Jahresversammlung den Vorsitzenden unsers Vereins, Herrn Stadtrat Ludwig=Wolf=Leipzig, und zu Stellvertretern den stellvertretenden Vorsitzenden unsers Vereins, Herrn Beigeordneten Abers=Elberfeld, und Herrn Stadtrat Mugdan=Berlin. Zum Schriftführer bringe ich in Vorschlag den Schriftführer unsers Vereins, Herrn Stadtrat Dr. Münsterberg=Berlin, und zu stellvertretenden Schriftführern die Mitglieder der Armendirektion Berlin, Herrn Stadtverordneten Hammerstein und Herrn Magistratsrat Milbradt.

Vorsitzender: Die geehrte Versammlung hat diese Vorschläge gehört. Wünscht jemand darüber zu sprechen? — Wenn nicht, so frage ich: nehmen Sie diese Vorschläge an?

(Geschieht.)

Ich bitte die geehrten Herren, hier Platz zu nehmen.

(Geschieht.)

Wir kommen weiter zu den üblichen geschäftlichen Mitteilungen.

Unser Verein setzte sich bei Beginn dieses Jahres zusammen aus 249 Stadtgemeinden, 33 Landarmenverbänden, 16 Behörden teils staatlicher teils kommunaler Natur, 62 Vereinen und 212 Einzelpersonen.

Was die Finanzen unsers Vereins anlangt, so gestatte ich mir mitzuteilen, daß der Verein in dem vergangenen Jahre abgeschlossen hat mit einem Guthaben von rund . . . . 13000 Mk.
Es werden hinzutreten an Zinsen ungefähr . . . . . 400 „
und an Mitgliederbeiträgen gegen . . . . 7300 „
so daß wir also über eine Summe von rund . . . . 20700 Mk.

für unsere Zwecke verfügen können. Die Ausgaben

Übertrag 20 700 Mk.

haben sich bis jetzt belaufen auf . . . . 700 Mk.
und werden sich vielleicht noch rund belaufen auf 4000 „
zusammen 4700 „

so daß wir hoffen dürfen, in das Jahr 1907 dann einen Betrag von rund . . . . 16 000 Mk. mit hinüberführen zu können.

Unter den Mitgliedern des Zentralausschusses, hochverehrte Damen und Herren, haben wir im vergangenen Jahre einen sehr schweren Verlust erlitten. In den letzten Monaten des vergangenen Jahres ist Herr Landesrat Brandts-Düsseldorf mit Tod abgegangen. Er war uns ein treuer und eifriger Mitarbeiter; auf sozialpolitischem Gebiete hat er sich, man kann wohl sagen, in glänzender Weise betätigt, und ich bitte Sie, zu Ehren des Verstorbenen sich von Ihren Plätzen zu erheben.

(Die Versammlung erhebt sich.)

Ich danke Ihnen.

Damit, verehrte Anwesende, wäre der geschäftliche Teil erledigt, und wir kommen nunmehr zu dem einzigen Verhandlungsgegenstande unsrer heutigen Versammlung:

Die Novelle zum Gesetz über den Unterstützungswohnsitz.

Ich bitte Herrn Kollegen Münsterberg, das einleitende Referat uns erstatten zu wollen.

Berichterstatter Stadtrat Dr. Münsterberg-Berlin: Meine Damen und Herren! Über den besonderen Anlaß, der uns heute zu einer ganz unerwarteten Zeit in Berlin zusammenführt, brauche ich Ihnen nicht viel zu sagen: nur über die Formen des Referats muß ich Ihnen allerdings sagen, daß es in der 25jährigen Laufbahn unseres Vereins zum erstenmal ist, daß wir unsere Verhandlung nicht durch gedruckte Berichte haben vorbereiten können, sondern daß in einer Art fliegender Hast das Material zu mündlichem Vortrag zusammengefügt werden mußte, das in den Reichstagsverhandlungen, in den Motiven, den Gesetzentwürfen und vor allem in in den zahlreichen Schriften unseres Vereins selbst angesammelt war. Und so dürfen Sie heute von Ihrem Referenten nicht fordern, daß er Ihnen eine wohlvorbereitete Gesamtdarstellung gebe, — ich muß mich begnügen, die großen Gesichtspunkte anzudeuten, und ich glaube, daß es auch der ganzen Stellung unseres Vereins entspricht, wenn wir große Gesichtspunkte gelten lassen, — es kommt nicht auf das einzelne an, es kommt auf die Gesamtstimmung an, mit der wir den Entwurf der Regierung aufnehmen.

Eines möchte ich, wie es schon der Herr Vorsitzende getan hat, auch meinerseits betonen. Wenn auch die Zusammensetzung unserer Körperschaft ein naturgemäßes Übergewicht städtischer Vertretungen bietet, weil gerade in den Städten die Organisationsfragen von jeher die größte Rolle gespielt haben, so haben wir doch seit Bestehen des Vereins die großen, die ländlichen und die städtischen, die kleinen und die großen Armenverbände umfassenden Korporationen der Landarmenverbände zu unseren Mitgliedern gezählt, und auch heute ist eine große Anzahl von Vertretern dieser Verbände hier zur Stelle, um an unseren Verhandlungen teilzunehmen. Und ich wiederhole wie der Herr Vorsitzende: vor allem müssen wir unseren Traditionen getreu nicht von einem einseitigen Gesichtspunkt die Regierungsvorlagen betrachten, sondern von dem allseitigen Gesichtspunkt gesunder organisierter Armenpflege. Und ich selbst darf vielleicht diese kleine persönliche Bemerkung machen, daß ich hier nicht als Vorsitzender der Berliner Armendirektion spreche, sondern als der Schriftführer des Vereins.

Ganz kurz müssen wir, wenn wir die Novelle in ihrer Bedeutung verstehen wollen, zurückblicken auf die Grundlagen und Wurzeln unseres Armenrechts, wie es sich historisch entwickelt hat. Diese Wurzeln liegen in dem alten Kirchenrecht und dem alten Genossenschaftsrecht. Fest war in alter Zeit der Bürger an die Scholle, an die städtischen Grundmauern angebunden; und wie diese alte Genossenschaft mit dem Begriff der Heimat den Heimatsgenossen in allen Beziehungen umfaßte, ihm den Gewerbestand verbürgte, die Niederlassung gestattete, so auch gab er ihm in alten und kranken Tagen die Unterstützung.

Diese alte Gebundenheit, die ihre Vorzüge hatte für die Bürger der Gemeinden, hatte ihre gefährlichen und furchtbaren Schattenseiten in dem Gegenbilde, in der ungeheuren Heimatlosigkeit, die sich namentlich nach dem Dreißigjährigen Kriege außerordentlich entwickelte. Und nun reagierten mit der erstarkenden Staatsgewalt die Verwalter dieser Staatsgewalt gegen die engherzige Abschließung der heimatlichen Gemeinden und Städte und forderten, daß die gesamte Einwohnerschaft des Staatsgebiets die Befugnis erhalte, an jedem Orte zu weilen, an jedem Orte die persönlichen und die wirtschaftlichen Kräfte, die ihm innewohnten, zur Geltung zu bringen; wenn aber diese Forderung im Namen des Staates gestellt und verwirklicht wurde, so konnten alle Befugnisse, die in dem Heimatsrecht beruhten, ohne besondere Mühe gewährt werden, bis auf die eine Befugnis, die des Bedürftigen, in seinen alten und kranken Tagen Unterstützung zu beanspruchen. Diese Frage der Unterstützung wurde nach und nach der Angelpunkt der gesamten Wirtschaftsgesetzgebung und Armengesetzgebung, der Angelpunkt, von dem aus sich überhaupt nur die neuere und moderne Entwicklung unseres Armenrechts verstehen läßt. Wenn der Staat mit starker Hand den Gemeinden die Verpflichtung auferlegte, jeden in ihrem Bezirk zu dulden, der sich dort niederlassen wollte, so durfte er nicht nur von den Gemeinden fordern, daß im Sinne des alten Heimatsrechts auf unbegrenzte Zeiträume die Unterstützungspflicht erhalten wurde. Und wenn er auf der anderen Seite das natürliche und notwendige Verhältnis zu einem Orte, an dem jemand daheim ist, nicht lösen wollte, wenn er einen Teil der Verpflichtung den Gemeinden belassen wollte, so mußte er einen Ausgleich finden zwischen den beiderseitigen Interessen. Um diesen Ausgleich drehen sich in der Folge die Kämpfe zwischen Staat und Gemeinden, und aus diesem Kampf ist dann allmählich erwachsen die Ersetzung des Begriffes der Heimat im alten Sinne durch den Begriff der Angehörigkeit, wie ihn das moderne Prinzip des

Unterstützungswohnsitzes herausgearbeitet hat. In diesem Sinne ist das preußische Gesetz von 1842 erlassen und es ist charakteristisch, daß mit diesem selben Gesetz zu gleicher Zeit das Gesetz über den Aufenthalt und die Niederlassung erschien, weil das eine mit dem anderen unverbrüchlich zusammenhängt.

Vor eine ungemein schwierige und bedeutungsvolle Aufgabe war dann das neugegründete Reich gestellt, zunächst in der Vorgründung des Norddeutschen Bundes, als es Stellung zu nehmen hatte zu den verschiedenen im Reich vorhandenen wirtschaftlichen und armenrechtlichen Gesetzen. Bis dahin hatte die Gothaer und Eisenacher Konvention gewissermaßen jeden Bundesstaat den anderen gegenüber als Ausland hingestellt, und nun galt es, die neuerrungene Einheit auch in der wirtschaftlichen, in der armenrechtlichen Einheit auszuprägen. So legte der Bundesrat 1870 den ersten Entwurf eines Gesetzes vor, das allerdings nicht viel mehr war als eine etwas leichtere, angenehmere Form der Eisenacher und Gothaer Konvention, und es ereignete sich das Merkwürdige, daß die Reichstagskommission den Entwurf bis auf seine Wurzeln entkleidete und ein ganz neues Gesetz schuf, das dann mit geringen Modifikationen die Zustimmung der Reichsregierung fand. Ich muß Ihnen die drei wichtigen Momente zurückrufen, die damals von der Reichstagskommission als die Grundlagen des Gesetzes ausgearbeitet und von der Regierung anerkannt wurden, Grundlagen, auf die, wie ich glaube, wir uns während der ganzen 25 Jahre unserer Tätigkeit mit Bewußtsein gestellt haben, — drei Momente: erstens die Verteilung der Last nach einem gerechten Kriterium, zweitens die Tendenz, die mit der Hilfsbedürftigkeit verbundene Störung der wirtschaftlichen Existenz des einzelnen nach Möglichkeit auf das geringste Maß zurückzuführen, und drittens die Qualifikation zur Erfüllung der Aufgabe der Armenpflege nach ihrer sittlichen und praktischen Seite. Und aus diesen Gesichtspunkten heraus wurde das neue Gesetz gearbeitet, das unter dem bekannten Namen des Gesetzes über den Unterstützungswohnsitz am 1. Juni 1870 publiziert wurde.

Bald nachdem dieses Gesetz erschienen war, erlebte Deutschland den großen, zum Teil ungesunden wirtschaftlichen Aufschwung der Jahre 1873/74, auf den ein sehr arger Rückschlag folgte. Und als dieser Rückschlag erfolgt war und seine merkbaren Folgen auch in die Gemeinden und in die Verwaltungen des Armenwesens hineintrug, da besann man sich nun gegenüber der neuen deutschen Reichsgesetzgebung auf die alte Heimat, auf die alten Wünsche, die vor Emanation des Gesetzes geäußert waren. Und damals war es, daß eine wenig tiefgründige Literatur in der Fachpresse und in der Tagespresse anhub, um die Fragen der Heimat und des Unterstützungswohnsitzes neu zu erörtern; und damals war es, daß in den Kreisen der Sachkundigen das Bedürfnis empfunden wurde, einmal zu erfahren, auf welche tatsächlichen Grundlagen die Armengesetzgebung zu stellen sei; als man sich nach diesen tatsächlichen Grundlagen umsah, vermißte man sie, und es wurde — nicht allein deshalb, aber zum großen Teil mit deshalb — der Deutsche Verein für Wohltätigkeit und Armenpflege begründet, um solche Grundlagen zu schaffen, um sorgfältig geordnetes und begründetes Material zu sammeln und in der Öffentlichkeit zu erörtern. Ich darf Sie erinnern an die großen Berichtskomplexe von 1882 über die Organisation der Armenpflege in den Gemeinden, insbesondere in den kleinen Verbänden, an die drei hintereinanderfolgenden Berichte von 1884 bis 1886 über die Reform der ländlichen Armenpflege; 1890: das Landarmenwesen; 1902: die Verteilung der Armenlasten usw. Ich darf erinnern an den Rückblick, der in dem von mir erstatteten Generalbericht im vorigen Herbst gegeben worden ist, und an den Vorblick in der Behandlung des Themas: „Die heutigen Anforderungen an die öffentliche Armenpflege", worin gesagt wurde, was die Zukunft uns bringen soll. Ich glaube, wir dürfen sagen, daß diese Verhandlungen in großzügiger Weise geführt wurden und dargetan haben, mit welchen Tendenzen unser modernes Armenrecht sich entwickeln muß, und wohin wir zu streben haben.

Eines ist allerdings zu bemerken: Die Gesetzgebung und die Armenpflege sind seit jenen 35 Jahren der Publikation des großen Reichsgesetzes in ihren Grundlagen an und für sich nicht geändert worden; sie haben aber eine bedeutende, wenn auch nach außen kaum merkbare Wandlung dadurch erfahren, daß in die deutsche Wirtschaftspolitik ein ganz neues Element — ich möchte sagen, ein neuer Baustein unsrer ganzen wirtschaftlichen und politischen Ordnung eingefügt wurde: unsre Sozialpolitik. Die 1883 begonnene sozialpolitische Gesetzgebung hat uns hoffen lassen, daß sie von unabsehbarer Bedeutung für die Armenpflege sein würde — und wer wollte leugnen, daß sie das geworden ist? Dennoch liegt ihre Bedeutung nicht so sehr, wie man es damals angenommen hat, in der Entlastung der Armenpflege, sondern in einer andern Gestaltung, in der Vorarbeit einer neuen Richtung. Denn tatsächlich sind, wie unsre Untersuchungen es auf das deutlichste erwiesen haben, die Armenlasten im wesentlichen nicht gefallen, sondern gewachsen. Und wenn wir heute eine halbe Milliarde alljährlich an Leistungen der Sozialpolitik aufwenden, so haben wir daneben eine steigende Leistung der Armenpflege, was damit zusammenhängt, daß mit dem hohen Niveau, das die sozialpolitische Gesetzgebung anstrebt, auch das Niveau wesentlich gestiegen ist, das die Armenpflege zu betreten hat, daß insbesondere inbezug auf Krankenpflege, namentlich auch in der Fürsorge für Genesende, in der Bekämpfung der Tuberkulose, des Alkoholismus, und wie alle diese Dinge heißen mögen, die Forderungen, die an die Armenverwaltungen gestellt worden sind und die sie sich selbst gestellt haben, wesentlich erhöht worden sind.

Wenn also diese Hoffnungen einer Entlastung der Armenpflege nicht erfüllt wurden, so wurde die andre von Enthusiasten ausgesprochene Erwartung erst recht nicht erfüllt, daß man nun an eine gänzliche Aufräumung mit dem althergebrachten Begriff des Unterstützungswohnsitzes denken, daß man eine andre Form finden, etwa die Unterstützungspflicht an den Aufenthaltsort anknüpfen, daß man den Staat und die Provinzen zu den hauptsächlichen Trägern der Armenpflege machen könne. Es blieb noch so viel für die Armenpflege zu tun, daß man es nicht wagte, schon an eine grundlegende Umwandlung der unsre Gesetzgebung beherrschenden Prinzipien zu denken.

Aber eines trat doch sehr deutlich hervor. Wenn die neue Wirtschaftsgesetzgebung die Erleichterung des Aufenthalts, der Niederlassung, der Gewerbefreiheit, der Eheschließung usw. brachte, wenn trotzdem den Gemeinden in einem gewissen Umfange die gesetzliche Armenlast verblieb, so ruhte auf einem Teil der Gemeinden eine bis zum Unerträglichen gesteigerte Last, und diese Last wurde namentlich fühlbar den kleineren, den ländlichen Gemeinden, den kleinen Städten, die von der wirtschaftlichen Freiheit, die nun allen Einwohnern gegeben war, nur die Schattenseiten in einer erschreckend großen Abwanderung der Bevölkerung vom Lande in die Städte zu erfahren hatten. Um einigermaßen diesem lebhaft empfundenen und zweifellos gerechtfertigten Bedürfnis Abhilfe zu schaffen, wurde die Novelle von 1894 erlassen. Ich bemerke, daß die Novelle schon 1893 eingebracht wurde, aber in der Reichstagssession nicht mehr zur Verabschiedung kam, so daß der Entwurf der Regierung erneut eingebracht werden mußte. Es wurde damals die bedeutsame Neuerung vollzogen, die Frist vom 24. Lebensjahre auf das 18. Lebensjahr herabzusetzen und die Verpflichtung des § 29 von 6 auf 13 Wochen zu erweitern; außerdem wurde die bekannte Strafvorschrift des § 361 Nr. 10 hinzugefügt.

Trotzalledem verstummten die Klagen der kleineren Verbände, der ländlichen Gemeinden über die Belastung nicht. Und so entschloß sich die Reichsregierung, den Klagen, die immer erneut auftauchten, insoweit Rechnung zu tragen, daß sie durch einige einzelne Bestimmungen Vorschläge zur Entlastung der Gemeinden machte. Diese Vorschläge liegen in der Ihnen bekannten, uns heute in erster Linie beschäftigenden sogenannten Novelle zum Unterstützungswohnsitzgesetz vor. Abgesehen von einigen kleinen formalen Änderungen sind die materiell bedeutsamen und einschneidenden Bestimmungen: erstens die **Herabsetzung der Altersgrenze zum Beginn des Erwerbes des Unterstützungswohnsitzes vom 18. auf das 16. Lebensjahr**; zweitens die Verkürzung der Frist zum Erwerb und Verlust von zwei Jahren auf ein Jahr und drittens die Ausdehnung der bisherigen Verpflichtung des Dienst- und Arbeitsorts für gewerbliche Arbeiter und deren Angehörige auf alle Fälle der Bedürftigkeit und zwar auf die Dauer von 26 Wochen unter Fortfall der bisherigen Forderung, daß die Hilfsbedürftigkeit an dem Orte selbst hervorgetreten ist.

Aus der Begründung dieses Entwurfs ist das wesentlichste, ja man darf sagen, das einzige Material der Hinweis auf die Binnenwanderungen und zwar die Binnenwanderungen vornehmlich in Nordwestdeutschland, die die bedauerliche, leider auch uns allen bekannte Tatsache aus den Ziffern der Volkszählung feststellen, daß das flache Land namentlich im Osten der preußischen Monarchie entvölkert wird und die Städte und industriellen Gebiete in ganz übermäßigem und schnellem Maße bevölkert werden. Würde — so folgern die Motive — an dem Gesichtspunkte festgehalten, den die Reichsgesetzgebung immer zu dem ihrigen gemacht hat, daß das wirtschaftliche Äquivalent entscheidend sein soll, d. h. daß die Gegenleistung für die wirtschaftliche Leistung eines Einwohners in der Unterstützung zu finden sei, so seien die Gesichtspunkte, nach denen bisher in der Gesetzgebung die Verteilung der Armenlast bemessen worden wäre, nicht mehr zutreffend, sie erheischten eine Neuregelung, für die die Vorschläge der Novelle als angemessen erscheinen.

Es ist sofort nach dem Erscheinen des Gesetzentwurfes darauf hingewiesen worden, daß das Material, auf das eine so einschneidende Änderung unsrer armenrechtlichen Bestimmungen gestützt wurde, doch sehr unzulänglich sei, daß wir über die Ursachen und Wirkungen sowohl der Zustände wie auch der Folgen nicht genügend unterrichtet seien, um so einschneidende Neuerungen gutheißen zu können. Es ist dann auch darauf hingewiesen — in diesem Falle naturgemäß gegenüber den früheren Klagen der ländlichen Gemeinden — von den Vertretern der Städte, daß man es nun gar zu gut mit ihnen meinte und nun alles in erhöhtem Maße auf die Städte überwälzen wolle, die denn doch etwas zu sehr und zu schnell belastet würden, ohne daß noch von dem Äquivalent der wirtschaftlichen Leistung ernsthaft die Rede sein könne.

Im Reichstag, dessen Verhandlungen bereits am 26. und 29. Januar stattfanden, ist dann je nach dem Standpunkt der Partei volle oder teilweise Zustimmung oder Ablehnung des Gesetzentwurfes erfolgt. Von einer Seite wurde angeregt, die gesamte Gesetzgebung einer Revision zu unterziehen; von andrer Seite wurde darauf hingewiesen, daß nur der Staat als solcher die Armenlast in gerechter Weise verteilen und tragen könne; wieder andre fanden den Zeitpunkt für eine Neuerung der Gesetzgebung nicht gekommen. Aber in einem waren sie allerdings einig: daß, wenn auch die Armenlast anders verteilt werden würde, wenn auch die ländlichen Gemeinden dadurch entlastet werden würden, jene Klage, jene leider nur zu sehr berechtigte Klage von der Landflucht und von der Leutenot dadurch nicht würde zum Verstummen gebracht werden können, ja, daß durch die leichtere Anknüpfung an die städtischen und industriellen Gebiete eher noch der Anreiz zur Abwanderung verstärkt werden könnte.

So liegt denn nun die Novelle vor uns und heischt von uns Stellungnahme, die man in der verschiedensten Weise nehmen kann. Um sie, ich möchte sagen, systematisch etwas zurecht zu machen, können Sie einteilen: entweder nur die Novelle erörtern, den einzelnen Vorschlägen zustimmen, sie ablehnen, sie verbessern, oder, wenn überhaupt an Einzelbestimmungen herangetreten werden soll, dann noch eine Reihe von Punkten hervorheben, bei denen nach unsern vielfachen Verhandlungen schon jetzt eine Besserung, eine Änderung als wünschenswert erkannt ist, oder aussprechen, daß eine Reform — wenn überhaupt geändert werden soll — der Gesamtgesetzgebung notwendig sei, oder endlich ein vorläufiges Nein sagen und aussprechen, daß Besserung bereits im Rahmen derjenigen Bestimmungen möglich sei, die zurzeit in der Reichs- und Landesgesetzgebung enthalten sind.

Da wir über diese verschiedenen Punkte während der letzten 25 Jahre jedesmal zehn bis zwölf Stunden uns unterhalten haben, so wird es nicht möglich sein, den Inhalt der Verhandlungen hier auch nur andeutungsweise zu reproduzieren. Trotzdem müssen Sie es heute einmal entschuldigen, wenn ich über die übliche Redezeit ein wenig hinausgehen muß. Denn etwas muß ich doch von jedem dieser Punkte Ihnen hervorheben; außerdem haben Sie den großen Vorteil, daß Sie diesmal nur einen Referenten zu hören haben und nicht zwei oder drei.

Was diese einzelnen Vorschläge betrifft, so möchte ich in der Tat nicht allzu tief hineingehen, weil ich annehmen darf, daß in der Debatte das eine oder andre noch sorgfältiger erörtert werden wird, vor allem aber, weil in der Tat nicht so sehr auf der Einzelheit der Schwerpunkt liegt, sondern immer das Ganze im Auge behalten werden muß.

Die wichtigste und einschneidendste Bestimmung ist natürlich die Herabsetzung der Altersgrenze vom 18. auf das 16. Lebensjahr. Interessant ist es, daß bei der Beratung 1894, als man von 24 auf 18 herunterging, von einigen Seiten sehr lebhaft dagegen gekämpft wurde. Während zugunsten der Herabsetzung angeführt wurde, daß ein junger Mensch wohl mit 18 Jahren seine wirtschaftliche Selbständigkeit erreicht habe, mit diesem Zeitpunkt auch die Strafmündigkeit eintrete, sprach man sich namentlich von süddeutscher Seite mit großer Energie dagegen aus. Diese Bestimmung — sagte damals der Abgeordnete Freiherr von Gültlingen —

widerspreche den Ansichten und Bedürfnissen der Süddeutschen schnurstracks. Alle landwirtschaftlichen Vereine in Württemberg und Baden hätten sich dagegen ausgesprochen; sowohl die Autorität der Familie wie der Gemeinde würde dadurch untergraben; der Landwirtschaft würden früher, als erwünscht, die Kräfte entzogen, überhaupt die Bevölkerung in schädlicher Weise mobilisiert. Auch sei eine vorzeitige Lösung der Dienstverhältnisse zu fürchten, wenn der schnelle Erwerb des Unterstützungswohnsitzes drohe.

Man hat sich dann, wie gesagt, darüber verständigt und nahm als äußerstes Maß das 18. Lebensjahr. — Ja, es ist das Auffassungssache. Unzweifelbar wird eine Anzahl junger Menschen, die nichts weiter gelernt haben, als ihrer Hände Arbeit zu verwerten, mit dem 16. Lebensjahr auf eigene Füße gestellt sein; aber es fragt sich, ob sie damit schon jene persönliche, sittliche Reife und wirtschaftliche Selbständigkeit erlangt haben, die im übrigen für das Leben im politischen Gemeindewesen verlangt wird. Es muß darauf hingewiesen werden, daß in den verschiedensten Beziehungen, in denen wir sonst das Lebensalter entscheidend sein lassen, allerdings das 16. Lebensjahr viel zu früh ist, und daß beispielsweise in der Gewerbeordnung für die Lohneinhaltung für Minderjährige, im Reichsstrafgesetzbuch für die Grenze der Strafmündigkeit, bei der Ausdehnung der Zulässigkeit der Zwangserziehung usw. überall das 18. Lebensjahr vorausgesetzt ist als dasjenige, mit dem eine gewisse Selbständigkeit und Verantwortlichkeit gegeben wird. Auch ist darauf hinzuweisen, daß bei den gelernten Arbeitern und unzweifelhaft bei allen, die etwas mehr als ganz ungelernte Leute sind, in der Tat auch die Ausbildung erst mit dem 17. oder 18. Lebensjahr ihr Ende erreicht. Man wird aber zugeben müssen, daß in Beziehung für die Altersgrenze in höherem Maße diese sittlichen und, wenn man will, ethischen Gesichtspunkte von Bedeutung sind als wesentlich armenrechtliche.

Was die Herabsetzung der Frist für den Erwerb und Verlust des Unterstützungswohnsitzes betrifft, nun, da muß ja offen bekannt werden, daß das für die Städte eine ganz außerordentlich harte Belastung ist. Die badischen Städte beispielsweise, die in einer gemeinsamen Denkschrift sich über die Frage ausgesprochen haben, sagen:

Es ist in der Großstadt hilfsbedürftigen Personen leicht möglich, sich durch Inanspruchnahme der Privatwohltätigkeit, kleine Dienstleistungen, Unterstützung von Verwandten und dergl. einige Zeit ohne Hilfe der

öffentlichen Armenpflege durchzuschlagen, so daß sie schon bei der bis=
herigen Gesetzgebung erst dann bekannt werden, wenn sie nach Ablauf
einer zweijährigen Frist mit ihren Ansprüchen auf Unterstützung an die
Armenpflege herantreten. Eine Herabsetzung der Frist auf ein Jahr
würde diese Fälle in sehr hohem Grade vermehren und würde das
schon jetzt in den Landgemeinden häufig geübte Abschieben Hilfs=
bedürftiger außerordentlich erleichtern.

Etwas, was ich im übrigen aus meiner Praxis anführen kann, und
was die hier anwesenden Vorsteher von Armenkommissionen nur bestätigen
werden, ist die Tatsache, daß sehr viele alte Leute sozusagen mit der Uhr
in der Hand nach Ablauf von zwei Jahren auftreten und sagen: jetzt bin
ich zwei Jahre hier und bitte um meine Unterstützung.

(Sehr richtig!)

Es kommt ein andrer Punkt noch in Betracht. Wenn das wirt=
schaftliche Äquivalent, die wirtschaftliche Gegenleistung wirklich von dieser
Bedeutung sein soll, so wird allerdings der begründete Zweifel erhoben
werden können, ob die nur einjährige Arbeitsleistung eines voll arbeits=
fähigen, das ganze Jahr hindurch beschäftigten Individuums ein ausreichendes
Äquivalent bildet. Zu verneinen ist diese Frage unzweifelhaft für den Fall,
daß es sich um alte Leute handelt, um kranke Leute, um Leute, die eine
wirtschaftliche Gegenleistung in die Gemeinde unmöglich haben hineinbringen
können.

Es ist sogar, wie ich hervorheben möchte, von freikonservativer Seite
im Reichstag anläßlich dieser Bestimmung die ernstliche Befürchtung aus=
gesprochen worden, daß die Verminderung der Frist eine Begünstigung der
Neigung zur Abschiebung herbeiführen würde, und daß namentlich ein sehr
wichtiger Punkt dabei zu beachten sei: daß die ländlichen Dienstkontrakte,
die schon jetzt vielfach mit Rücksicht auf den Ablauf der Frist auf weniger
als zwei Jahre geschlossen werden, auf weniger als ein Jahr geschlossen
werden würden, und daß dadurch in der Tat ein Moment der Beweglichkeit
und Unruhe in diese Kreise der Bevölkerung getragen werden könne, das
möglicherweise die Wirkung einer Entlastung, die hier angestrebt werden sollte,
sehr wesentlich paralysieren würde. Ich darf aus dem Bericht, den wir vor
15 Jahren über das Landarmenwesen erstatteten, ganz kurz folgendes an=
führen:

„Viel häufiger dagegen und von allen denen, die die vorliegende Frage
überhaupt bejahen, werden als die regelmäßigen Folgen des Eingreifens
bezeugt: für Neuanziehende Versagung von Wohnungen und von
Arbeitsgelegenheit und für bereits Angezogene Aufkündigung der
Wohnung, beziehungsweise des Arbeits= oder Dienstverhältnisses. Zu
diesem Zwecke tun sich nun die Gemeindemitglieder zusammen, regel=
mäßig mit Vorwissen, meist auf direkte Veranlassung des Gemeinde=
vorstehers, und lehnen die Aufnahme neuer Personen vor allem dann
ab, wenn sie wegen Kränklichkeit, Alters, starker Familie usw. die
Gefahr künftiger Verarmung nahe legen. Ebenso wird, bevor die
Frist zur Erwerbung des Unterstützungswohnsitzes abgelaufen ist, die
innegehabte Wohnung gekündigt, der Dienst oder die Arbeit aufgesagt."

Dann heißt es an einer andern Stelle:

„Bei den Erörterungen . . . hat sich in zahlreichen Fällen ergeben, daß die betreffende Person beziehungsweise Familie in drei, vier und mehr Gemeinden wohnte und den Aufenthalt stets kurze Zeit, oft nur wenige Tage vor Ablauf der zweijährigen Frist gewechselt hat. In wenig rühmlichem Lichte erscheinen nach einer größeren Zahl von Berichten die Inhaber großer Gutsbezirke und Grundherrschaften; von denen wird aus allen Teilen Deutschlands angegeben, daß sie der Armenlast teils dadurch entgegenzuwirken suchen, daß sie in den Kontrakten mit ihren Pächtern ausdrücklich vorschreiben, keinen Dienstboten, Knecht usw. länger als ein oder eineinhalb Jahre zu belassen, oder daß sie ihre Leute in den benachbarten ländlichen Gemeinden ansiedeln. Auch lassen die, die in verschiedenen Nachbargemeinden angesessen sind, ihre Leute abwechselnd ein bis eineinhalb Jahre in dem einen oder andern Bezirke wohnen."

Das, was hier von der zweijährigen Frist gesagt ist, wird wahrscheinlich in stärkerem Maße — und das ist auch im Reichstag betont worden — für die einjährige Frist gelten.

Die dritte Neuerung, der § 29. Der geht nun eigentlich die Landgemeinden sehr wenig an, er geht eigentlich nur an die großen Städte und die industriellen Bezirke mit Nachbargemeinden. Ich brauche den Berlinern von Berlin nichts zu sagen; sie kennen dieses Herüber und Hinüber von Berlin nach Charlottenburg, nach Rixdorf, nach Weißensee und umgekehrt. Die Herren aus den westfälischen und rheinischen Industriebezirken wissen von den Verschiebungen, von dem Heranwachsen der kleinen Industriegemeinden, ihrer endlichen Vereinigung, wo es sich tatsächlich um ein großes gemeinschaftliches Gebiet handelt, trotzdem die beteiligten Gemeinden kommunalpolitisch getrennt sind. Diese interne Angelegenheit der Großstädte und industriellen Gebiete zu ihren Nachbargemeinden soll nun dadurch geregelt werden, daß bei jeder Art von Bedürftigkeit für die Dauer von sechs Monaten, nachdem jemand mindestens eine Woche in dem betreffenden Ort gearbeitet hat, Unterstützung gewährt wird, und vor allem, daß sie auch gewährt werden muß, selbst wenn die Bedürftigkeit an dem Arbeitsorte selbst nicht hervorgetreten ist. Mit andern Worten: wenn in Weißensee jemand, der in Berlin 8 Tage gearbeitet hat, krank wird, so bekommt er in Weißensee die Unterstützung, die für ihn und seine Familie notwendig ist, und Weißensee liquidiert die Kosten dafür nach Berlin. Darauf muß aufmerksam gemacht werden, daß der § 29 von Anfang an eine bewußte Ausnahmebestimmung für Fälle von Erkrankungen bilden sollte, und daß er sich in Verbindung mit der Krankenkassengesetzgebung in der Tat als eine anerkennenswerte und glückliche Ergänzung des Krankenkassengesetzes erwiesen hat. Hier wird aber diese Ausnahme wieder umgekehrt: es wird, entgegen dem bisherigen Prinzip, bestimmt, daß der Aufenthaltsort von demjenigen Orte, an dem jemand nicht wohnt, wo er nur gearbeitet hat, mit dem er in einer unter Umständen ganz kurzfristigen Verbindung steht, die Erstattung der Unterstützung fordern darf. Es haben in dieser Beziehung ebenfalls die badischen Städte eine längere Ausführung gemacht, in der sie namentlich der Befürchtung Ausdruck geben, daß die in unmittelbare Nähe großer Industriezentren belegenen Vorortsgemeinden geneigt sein würden, den größeren Teil ihrer Armenlast auf die großen Industriegemeinden zu überwälzen.

Es wird namentlich auch dagegen Stellung genommen, daß eine ganz kurz dauernde Arbeit genügen soll, um diese Verpflichtung des Hauptortes zu begründen. Es wird daran erinnert, daß es z. B. bei großen Streiks oder in Fällen großer Arbeitslosigkeit genügen würde, wenn die Nachbargemeinden einer großen Anzahl von Leuten in dem andern Orte — sagen wir also mal: Weißensee, Rixdorf, Schöneberg usw. — in Berlin, aber auch umgekehrt, wenn Sie wollen, acht Tage lang Arbeit verschafften, und alsdann die nächsten Folgen ihrer Arbeitslosigkeit nicht auf den Ort fallen würden, in dem die Leute leben und wohnen, sondern auf den Ort, in dem sie in dieser Weise vorübergehend beschäftigt worden sind.

Es wird endlich darauf hingewiesen, daß tatsächlich die wirtschaftliche Gegenleistung nicht von der Bedeutung ist, und daß besonders übersehen wird, daß die Leute in den Nachbargemeinden wohnen, leben, ihre Konsumtion haben, und daß die Bodenpreise ganz außerordentlich durch das Wachstum dieser Nachbargemeinden gesteigert werden. Sie brauchen nur die neuere Bevölkerungsaufnahme anzusehen, um zu erkennen, in wie enormer Weise beispielsweise die Vororte um Berlin herum angewachsen sind, und wie ganz leise, leise Berlin anfängt, gegenüber den Vororten die notleidende Stadt zu sein.

Das sind also die drei Punkte, die uns die Novelle gebracht hat. Wir wissen nicht, welche Stellung die Kommission, die niedergesetzt ist, welche Stellung das Plenum des Reichstags schließlich zu ihr einnehmen wird; aber für den Fall, daß überhaupt an Einzelbestimmungen des bestehenden Gesetzes geändert werden sollte, haben wir noch einige andre Punkte dem Reichstag zur gesetzgeberischen Berücksichtigung ans Herz zu legen. Ich will auch hier mich so kurz wie möglich fassen.

Der erste Punkt würde sein, daß, wenn die Frist heruntergesetzt wird von zwei auf ein Jahr, dann ein Gebot der Billigkeit erfordert, daß alte Leute nach Zurücklegung eines bestimmten Alters einen neuen Unterstützungswohnsitz nicht mehr begründen können. Wenn in der Tat das wirtschaftliche Äquivalent von Bedeutung ist, so wird man sagen müssen, daß eine alte Frau, die nach vollendetem 60. Lebensjahr nach Berlin zuzieht, nachdem sie ihr ganzes Leben lang in einem andern Orte zugebracht hat, Berlin keinen erheblichen Nutzen mehr bringen wird. Schon die bestehende gesetzliche Bestimmung mit der zweijährigen Frist enthält in dieser Beziehung einen gewissen Widersinn. Übrigens wurde diese Forderung bereits bei den ersten Beratungen des U. W. G. erhoben und bei der Beratung der Novelle von 1894 von der Kommission ausdrücklich ein neuer Absatz zu § 10 hinzugefügt, der dahin lautete: „Der Erwerb eines neuen U. W. ist mit vollendetem 60. Lebensjahre auszuschließen." Von der Regierung wurde dagegen das Bedenken erhoben, daß diese Bestimmung zur Abschiebung von älteren Leuten vor Erreichung des 60. Lebensjahres führen könnte; bei Wiedervorlage des zweiten Entwurfs war daher dieser von der Kommission beschlossene Zusatz von der

Regierung fortgelassen worden. Er wurde bei der Beratung im Plenum vom Reichstagsabgeordneten Gamp wieder aufgenommen und mit dem Hinweis begründet, daß das Land auf die Arbeit älterer Leute vielfach angewiesen sei und daß kein Anlaß zur Abschiebung mehr vorläge, wenn der U. W. einmal feststünde und unverändert bleibe. Doch wurde die Anregung dann wegen der von der Regierung geltend gemachten Bedenken wieder fallen gelassen. Bei der diesjährigen ersten Lesung des neuen Entwurfs nahm der Abgeordnete Gamp den Antrag wieder auf, der auch in der Fachliteratur vielfach erhoben und durch die Tatsachen des praktischen Lebens wohl begründet werden kann. Unzweifelhaft wird sich der Zuzug alter Leute nach den größeren Städten umso mehr steigern, je leichter die Erwerbung des U. W. durch Verkürzung der Frist von zwei auf ein Jahr gemacht wird.

Ganz kurz erwähne ich den wiederholt aufgetauchten Wunsch einer einheitlichen Regelung des Tarifwesens, d. h. einer Festsetzung der Verteilung und der Erstattung der Kosten, wobei namentlich Krankenhaus- und Anstaltspflegekosten in Frage kommen. Es ist eine alte Klage der vorläufig fürsorgepflichtigen Armenverbände, daß die Erstattung nach Maßgabe des § 30 weit hinter dem wirklichen Aufwande zurückbleibe, während umgekehrt die endgültig fürsorgepflichtigen kleineren Verbände klagen, daß sie die Unterstützung viel billiger beschafft haben würden, wenn sie sie in ihrem Bezirke selbst hätten verabreichen können. Eine gewisse Ausgleichung bilden die auf Landesgesetzgebung beruhenden Tarife, die bisher in zwölf Bundesstaaten erlassen worden sind. Es könnte wohl erwogen werden, ob nicht im Anschluß an das System der Servisklassen ein Reichstarif erlassen und eine reichsgesetzliche Bestimmung hinzugefügt werden könnte, daß Kosten, die einen bestimmten Betrag übersteigen, nicht von dem Ortsarmenverbande, sondern von größeren Verbänden zu erstatten sein sollen.

Von größerer und weitertragender Bedeutung ist die Versorgung der Wanderarmen, die bisher lediglich auf § 28 des Gesetzes gestützt ist. § 28 schreibt jedem Ortsarmenverbande vor, für diejenigen zu sorgen, die an dem Ort, an dem sie sich gerade aufhalten, bedürftig werden. Wenn also irgendein wandernder Arbeiter, aber auch der Landstreicher, in Bernau oder Nauen oder Neuruppin oder in noch viel kleineren Orten auftaucht, so muß der Bürgermeister sofort zur Hand sein, um ihm das zum Lebensunterhalte Nötige zu verabfolgen. Wir haben diese Frage sehr oft und sehr eingehend erörtert und immer wieder erkannt, daß diese wandernden Elemente gar keine Verbindung mit den Orten haben, an denen sie zufällig auftauchen, daß sie eine Plage für diese Orte sind, daß diese Orte gar nichts Lieberes tun, als sich schleunigst solcher Elemente zu entäußern, und daß zum Schaden des Ganzen wie zum sehr großen Elend der davon Betroffenen diese Fürsorge, die vom Gesetz gefordert wird, schlechterdings auf dem Papier stehen bleibt. Diesem Notstand gegenüber sind die durch Privatinitiative geschaffenen Naturalverpflegungsstationen und Wanderarbeitsstätten vorgegangen, die durch den Gesamtverband der deutschen Naturalverpflegungsstationen vertreten sind, um Einrichtungen zu schaffen, die ergänzend und ersetzend eintreten; Einrichtungen, die darauf gegründet sind, daß nicht der einzelne kleine Ort helfen soll, sondern daß die große Gemeinschaft in organisierter Weise eintritt. Wir werden auf diesem Gebiete nicht früher zu einer Besserung gelangen, als bis dieser § 28 eine neue Gestaltung erfahren hat oder für diese Kategorie von Bedürftigen überhaupt ausgeschaltet und durch eine Ordnung ersetzt ist, die auf der organisierten Mitwirkung der großen Verbände beruht, denen das Prinzip der Unterstützung gegen Arbeitsleistung und der Wanderordnung zugrunde liegt. — In Parenthese darf ich wohl bemerken, daß der Vater und Inspirator, unser hochverehrter Führer und Freund in dieser Frage, der Pastor von Bodelschwingh, mich freundlich anblickt

(Heiterkeit)

und zweifellos im Herzen dazu Ja sagt, daß ich das hier ausführe. Ich füge hier einen Antrag ein, der mir von ihm aus Anlaß meines Berichtes übergeben ist und der im wesentlichen der Stellung entspricht, die unser Verein zu dieser Frage eingenommen hat. Er lautet:

„Zur Erstattung der Kosten, welche durch die Unterstützung solcher hilfsbedürftigen Norddeutschen entstehen, die außerhalb ihres Wohnortes Arbeit suchen (Wanderarme), ist, auch wenn sie einen Unterstützungswohnsitz haben, zunächst der in § 30 Abs. 1 b bezeichnete Landarmenverband verpflichtet. Der Landarmenverband ist berechtigt, seinerseits die endgültige Erstattung von dem Ortsarmenverbande des Unterstützungswohnsitzes zu fordern.

„Die Landarmenverbände sind befugt, mit Genehmigung der Landeszentralbehörden Vorschriften darüber zu erlassen, unter welchen Bedingungen und in welcher Weise die von ihnen gemäß Abs. 1 zu erstattenden Unterstützungen seitens der Ortsarmenverbände zu gewähren sind, oder auch die Unterstützung selbst zu übernehmen.

„Durch die Landesgesetzgebung kann die Unterstützung der in Abs. 1 genannten Personen ganz oder teilweise auch anderen öffentlichrechtlichen Verbänden übertragen werden".

Von anderen Punkten habe ich hervorzuheben die Erstattung von Unterstützungen. Darum hat — wenn man es parlamentarisch ausdrücken will — 1870 die Kommission sich einfach herumgedrückt. Es ist das für uns alle, die in der praktischen Tätigkeit, namentlich in der juristischen Tätigkeit stehen, ein sehr übler Punkt; wir wissen gar nicht, wie wir damit daran sind: das eine Gericht urteilt so, das andere so. Die Ansprüche, die wir erheben, sind im ganzen so geringfügig, daß wir sie fast nie in die Reichsgerichtsinstanz bringen, und so eine Entscheidung des höchsten Gerichts erlangen können. Von einigen Landesgesetzgebungen wird er zur Not geregelt. Nachdem in dem Reichsgesetz durch § 62 das Verhältnis zu verpflichteten Dritten geregelt ist, sehen wir eigentlich nicht das mindeste Hindernis, auch das Verhältnis zum Unterstützten unmittelbar reichsgesetzlich zu regeln.

Schwerer aber ist unsere Klage inbezug auf die nährpflichtigen Angehörigen. Den Punkt — wissen Sie ja — haben wir wiederholt mit großem Nachdruck erörtert: das Verhältnis der Armenverwaltungen zu denjenigen Ehemännern und Vätern, die ihre Familie hilflos zurücklassen. Wir haben mit der bekannten Bestimmung des § 65 des preußischen Ausführungsgesetzes uns in Preußen ja etwas helfen können; wir sind aber der Meinung, daß der reichsgesetzlichen Regelung dieser Frage ein Hindernis nicht entgegensteht, wofür ein Beweis ist, daß die Kommission, die 1893 den damaligen Entwurf erörterte, eine ausdrückliche Bestimmung über die Lohnbeschlagnahme in den Entwurf eingefügt hatte, der dann — ich weiß nicht, aus welchen Gründen — von der Regierung fallen gelassen ist.

Aber so sehr wir wünschten, unsere zivilrechtlichen Ansprüche gegenüber den nährpflichtigen Angehörigen auf festen Boden gestellt zu wissen, — wesentlicher ist doch das administrative und strafrechtliche Verhältnis. Dieses Übel der Verlassung der Angehörigen hat namentlich in großstädtischen Armenverwaltungen einen Umfang angenommen, daß man geradezu von einem Krebsschaden gesprochen hat. Wir haben in einer Statistik, die wir vor etwa 10 Jahren aufgestellt haben, das Material darüber zusammengebracht; ich habe hier einige neuere Zahlen, die Hamburg veröffentlicht hat. Danach sind in Hamburg bei einer Bevölkerung von 690 000 Einwohnern im Jahre 1900 nicht weniger als 1794 Nährpflichtige vorhanden gewesen, die ihre Familien derart hilflos im Stiche gelassen haben, daß sie im Wege öffentlicher Armenpflege unterstützt werden mußten; im ganzen handelte es sich um 4640 Frauen und Kinder, die dadurch betroffen wurden.

(Hört! Hört!)

Die Kosten hierfür betrugen auf den verschiedenen Gebieten der Armenpflege in Hamburg nahe an 400 000 M. Ich füge hinzu, daß wir in Berlin in der offenen Armenpflege — nur in der offenen — jährlich nahe an 3000 eheverlassene Frauen zu unterstützen haben mit einem jährlichen Aufwand von 6—700 000 M. Ähnliche Verhältnisse zeigt jene Statistik, die wir damals erhoben haben, an allen Orten; ja aus anderen Ländern, aus Amerika, aus Frankreich ertönen dieselben Klagen. Und was das bedeutet, ist nicht nur die finanzielle Belastung, die daraus erwächst, sondern es ist, was wir vor allem beklagen, die Auflösung der Familie, es ist die schamlose Ausbeutung der Armenpflege.

(Sehr richtig!)

Und wenn ich an irgend einem Punkt sicher sein kann, daß namentlich meine Berliner Herren, die heute uns die Freude machen, an den Verhandlungen teilzunehmen, mit mir einig sind, so ist es das Gefühl der Empörung, das Gefühl einer ohnmächtigen Wut gegenüber diesen schamlosen Elementen, die sich uns aufbürden, und die straflos die erste und heiligste Pflicht, die sie den Ihrigen gegenüber übernommen haben, verletzen.

(Lebhafter Beifall.)

Und was können wir dagegen tun? Wir haben nur den § 361 Nr. 10, der 1894 vom Reichstag als ein zahmer Kompromißparagraph hineingefügt wurde. Die Regierung hatte damals die Gleichstellung dieser Versäumung mit den Delikten wegen Müßiggang und Arbeitsscheu herbeiführen wollen; die Kommission hatte bereits zugestimmt. — Auf einmal setzte bei der Beratung in dritter Lesung die Debatte bei diesem Punkt ein, um fast ausschließlich dabei zu verweilen. Man sprach davon, daß man Willkür befürchtete, daß die Strafe für das Vergehen zu scharf sei, daß die tatsächlichen Verhältnisse schwierig festgestellt werden können usw. usw. und einigte sich dann auf diesen zahmen § 361 Nr. 10, d. h. 150 M. Geldstrafe oder 6 Wochen Haft. Der Mann, der aus diesem Paragraphen verurteilt wird, bezahlt ja mit der geringen Strafe noch nicht den hundertsten Teil der Kosten, die er uns verursacht hat, — abgesehen davon, daß er uns auslacht. Wir haben die Frage, wie gesagt, in unserem Verein sehr eingehend erörtert und sind damals zu bestimmten Folgerungen gekommen. Wir haben damals gefordert die Schaffung eines Administrativverfahrens, das bei den Armenverwaltungen beruht, mit gewissen Garantien gegen Mißbrauch geschützt ist, aber doch den Armenverwaltungen ermöglicht, den Mann, bevor er uns entronnen ist, und anstatt, daß er uns monate- und jahrelang an der Nase herumführt, sofort festhalten und ihn an eine Stelle führen zu können, wo er mit Zwang zur Arbeit gebracht wird, wenn er es nicht freiwillig tut.

(Sehr richtig!)

Wir erheben — und da glaube ich mich im Einklang mit unserm ganzen Verein und auch mit der öffentlichen Meinung vieler andrer Vereine zu befinden — wir erheben die Forderung, daß die Möglichkeit eines solchen Administrativverfahrens im reichsgesetzlichen Wege geschaffen, der etwaige Widerspruch mit der Reichsgesetzgebung dadurch ausgeglichen werden, und daß, soweit dies nicht zureicht, die Verlassung der Familie als ein Sonderdelikt behandelt werde, das seine besondere Bestrafung und Sühne findet. Der Zustand, der gegenwärtig in dieser Beziehung herrscht, ist einfach unerträglich und beschämend für das öffentliche Rechts- und Sittlichkeitsbewußtsein.

(Lebhafter Beifall.)

Ich erwähne dann unsre Verhandlungen über den Einfluß des Wahlrechts auf die Armenunterstützungen. Ich möchte den Punkt gerade an dieser Stelle nicht eingehender behandeln, weil hier eine Reihe von politischen Momenten maßgebend ist, deren Erörterung viel zu weit führen würde. Was wir wünschen, und was wir schon vor Jahren ausgesprochen und bei Gelegenheit der Frage der Tuberkulosebekämpfung wiederholt haben, das ist, daß wir zum mindesten für die Leistungen der Krankenpflege die Beschränkung der politischen Rechte aufgehoben wissen möchten, damit niemand sich behindert fühle, diese Darbietungen der Krankenpflege anzunehmen, weil für uns nach der natürlichen Entwicklung der Dinge bei diesen Darbietungen nicht so sehr der Gesichtspunkt der Armenpflege als der Gesichtspunkt der öffentlichen Gesundheitspflege in erster Linie steht. Es sind ja die Landesgesetzgebungen daran auch beteiligt. Es wäre denkbar, daß, wenn das Reich mit gutem Beispiel vorangehe und wenigstens in diesem Punkt Remedur schaffte, dann die Landesgesetzgebungen nachfolgten.

Der letzte Punkt, den ich in diesem Rahmen zu erwähnen habe, als letzten und bedeutendsten, obgleich er vielleicht zu den Wünschen gehört, die sich auf das Gesamtgebiet beziehen, das ist die Einheit der Armengesetzgebung. Damals schon bei Emanation des Gesetzes im Jahre 1870 ist dieser Wunsch ernstlich erörtert worden. Sie wissen, wie die Verhältnisse in Bayern und in Elsaß-Lothringen liegen. In Elsaß-Lothringen haben die politischen Verhältnisse, haben Opportunitätsgründe entgegengestanden, um die Wünsche nach Vereinheitlichung zu verwirklichen. Es ist oft ausgesprochen worden, auch von der Regierungsseite, daß man darauf hoffte, diese Wünsche einmal verwirklichen zu können; es macht mir eine besondere Freude, in diesem Zusammenhange von einem neuesten Schritt der elsässischen Landesregierung Kenntnis geben zu können, von einer Denkschrift, die vor wenigen Wochen der Kaiserliche Statthalter von Elsaß-Lothringen dem Landesausschuß überreicht hat, einer Denkschrift, in der die modernen Bedürfnisse der Armenpflege erörtert, die Unzulänglichkeit der Zustände dort und im Verhältnis zum übrigen Deutschland nachgewiesen werden. Die Schlußfolgerungen, zu denen die Denkschrift gelangt, lauten:

"Aus vorstehenden Ausführungen ist zu entnehmen:
1. daß die dermalige Lage des Armenwesens in Elsaß-Lothringen den Anforderungen, welche in der heutigen Zeit an die öffentliche Armenpflege gestellt werden müssen, nicht mehr genügt, und eine Neuregelung dieses wichtigen Zweiges der sozialen Fürsorge nicht länger hinausgeschoben werden kann;
2. daß die Neuregelung nur auf dem Wege der Einführung des Reichsgesetzes über den Unterstützungswohnsitz vom 6. Juni 1870 erfolgen kann, und zu dessen Ausführung weiter
3. der Erlaß eines Landesgesetzes erforderlich ist, durch welches die, der landesgesetzlichen Anordnung überlassenen wichtigen Materien eine den besonderen Verhältnissen und Bedürfnissen Elsaß-Lothringens Rechnung tragende Regelung zu erfahren haben werden."

Ich glaube, daß wenn wir an irgend einer Stelle den Einfluß nachweisen können, den die Verhandlungen unsers Vereins geübt haben, so ist es in dem Endergebnis dieser Denkschrift. Unsre Mitglieder Ruland und Schwander haben Ursache, sich heute ihrer Erörterungen und der Teilnahme, die sie bei uns gefunden haben, besonders zu freuen. — Etwas anders liegt es mit Bayern. Wir haben dort die Forderung der Einheit nicht in diesem Umfange stellen können; es wäre meines Erachtens undenkbar, in diesem Zusammenhange das große, wichtige, politische Reservatrecht anzutasten, wenn man auch über dessen Wünschbarkeit streiten kann. Daß wir aber an und für sich eine Einheit des deutschen Armenrechts wünschen, sei es auf dieser oder jener Grundlage, das dürfen wir doch an dieser Stelle wieder mit demselben Nachdruck aussprechen, wie wir das nun schon wiederholt getan haben.

(Bravo!)

Damit haben wir die Einzelfragen vorläufig abgetan und müssen die andre größere Frage ins Auge fassen: Ist es denn überhaupt gedeihlich, einzelne Punkte zu erörtern, ist es nicht besser, einmal von Grund aus die gesamten Fragen zu erörtern, von Grund aus gewissermaßen reinen Tisch zu machen und unser ganzes Armenrecht auf neuen, auf modernen Boden zu stellen? Und da sind wir nun in unserm Verein doch vor allem daran gewöhnt, ehe wir eine derartige Frage beantworten, uns zu fragen: auf welchen

Boden der Tatsachen vermögen wir uns zu stellen, wenn wir diese großen wichtigen umstürzenden Erörterungen anstellen wollen? Wenn wir das vorhandene Material näher prüfen, so finden wir die schon erwähnten Erörterungen über die ländliche Armenpflege und das Landarmenwesen von 1886 und 1890. Wir finden den schönen Bericht über die Zustände der Krankenpflege auf dem Lande von 1899 und können allenfalls, die, wie Sie wissen, mit großer Vorsicht aufzunehmende Reichsarmenstatistik von 1885 hinzunehmen, die in einzelnen Staaten — in Preußen, in Braunschweig und Sachsen — noch ihre besondere Verarbeitung gefunden hat. Was die Motive zu der gegenwärtigen Novelle bringen, das ist weiter nichts als ein kleiner Auszug aus den bevölkerungsstatistischen Anschreibungen über die Binnenwanderungen. Daß die Landflucht zugenommen hat, die Großstädte ein ungesundes Wachstum aufzeigen, daß das Land entvölkert, die Städte bevölkert werden, ist eine leider sehr bekannte, leider auch unzweifelhafte Tatsache. Aber wie diese Tatsachen nun im einzelnen wirken, wie es möglich ist, daß durch eine nun wieder für das gesamte Land gleichmäßige und schematische Gesetzgebung der Druck wirklich ausgeglichen wird, die Lasten wirklich richtig verteilt werden, das wissen wir nicht. Ich muß da doch darauf aufmerksam machen, daß schon jetzt das Verhältnis so liegt, daß die Leistungen der Städte und der wohlhabenden Bezirke diejenigen des Landes in außerordentlichem Maße übertreffen. Sie finden den Gesamtdurchschnitt in der Reichsarmenstatistik von 1885, daß von Unterstützten im Reiche auf städtische Gemeinden 5,24, auf ländliche 2,16 treffen; und wenn man diese Verhältnisse noch weiter verfolgt in den einzelnen Bundesstaaten, sich sogar Zahlen von 6,03 zu 2,41, in einem Staate 9,35 zu 2,01 herausstellen. Und derselbe Gegensatz wiederholt sich in der Höhe der Aufwendungen. Sie finden im Gesamtdurchschnitt in sämtlichen Armenverbänden einen Aufwand von 156 Mk. auf 100 Unterstützte, in den Großstädten 405, in den ländlichen Gemeinden 81 Mk. Und auch diese Gegensätze sind so stark, daß in einzelnen Staaten sogar noch 492 zu 132, 221 zu 58 vorkommen usw. usw.

Und hier liegt der springende Punkt, einer der Punkte, auf die der Reichstag, auf die die Reichsregierung und die Landesregierungen unsers Erachtens gar nicht genügend die Aufmerksamkeit richten könnten: das ist, daß diese Differenzen nicht etwa entstehen oder entstanden sind — man darf annehmen, daß die Ziffern von 1885 nicht nur heute noch zutreffen, sondern daß die Gegensätze eher noch stärker geworden sind —, weil es auf dem Lande weniger Arme gibt, weil dort weniger Bedürftigkeit vorhanden ist, sondern einfach, daß in den Städten reichlicher unterstützt wird als auf dem Lande, behaglicher, wenn Sie wollen, auch etwas prüfungsloser als dort, wo der Dorfschulze jeden einzelnen von der Wiege bis zur Bahre gekannt hat, weil den Städten reichlichere Mittel zur Verfügung stehen. Sobald der Landarmenverband die Kosten ersetzt, hat auch die kleine Gemeinde mit einem Male ungeheuer viel für den betreffenden übrig

(Heiterkeit),

in dem Moment wird alles menschliche Gefühl wach; und wenn es aus der eignen Tasche geht, da schweigt diese Stimme, weil in dieser Tasche zu wenig drin ist.

(Heiterkeit.)

Ich bin weit entfernt davon, daraus den ländlichen Gemeinden einen Vorwurf zu machen; wir konstatieren damit nur die eine, immer wieder zu betonende Tatsache, daß es sich nicht um den Mangel an Willen handelt, sondern um den Mangel an Können. Sie sind einfach zum Teil gar nicht leistungsfähig und sind trotz des geringen Aufwandes vielfach mit Steuern überbürdet. Und das ist die Tatsache, in der wir alle, Freunde und Gegner des Entwurfes, übereinstimmen, daß das Land zum Teil die Lasten gar nicht tragen kann, die das Gesetz ihm auferlegt, und daß etwas geschehen muß, um diesen Zustand zu bessern.

Und da erhebt sich die Frage: Würde dazu die grundlegende Veränderung unserer gesamten Armengesetzgebung helfen? Ja, natürlich könnte geholfen werden, wenn, wie es von einer Seite im Reichstage ausgeführt wurde, die gesamte Last auf den Staat übernommen würde. Aber das brauche ich in diesem Kreise ja nicht auszuführen, daß Armenpflege individualisierend an örtliche Grundlagen angeknüpft sein muß, und daß wir, solange wir eine örtlich gebundene Armenpflege haben, von der Staatslast als solcher nicht wohl reden können.

Die andere Frage, ob man die Grundlagen der Armengesetzgebung überhaupt aufgeben soll, — die, glaube ich, werden wir mit der Reichsregierung zurzeit als nicht liquid bezeichnen und sagen müssen, daß die Zeit, das ernstlich zu erörtern, erst gekommen sein kann, wenn zu den bestehenden sozialpolitischen Einrichtungen vor allem die Versicherung der Witwen und die Versicherung der Arbeitslosen hinzugetreten ist. Ich glaube darüber kurz hinweggehen zu können, ich glaube nicht, daß im gegenwärtigen Moment an irgendeiner sachkundigen Stelle die Neigung vorhanden ist, unsere gesamten Grundlagen des Armenrechts zu ändern. So soll man also doch an den Einzelheiten ändern. Offen gestanden, man fängt an, sich hier etwas im Kreise zu drehen. Man wünscht die Entlastung der kleinen Gemeinden und fragt sich, ob diese Entlastung nun wieder im richtigen Verhältnis zur Belastung der Städte und der industriellen Gebiete steht. Und da meine ich — und das ist der wichtigste Punkt, den man hier zu betonen haben wird —: der wesentliche Fehler, der meines Erachtens oder, ich darf sagen, unseres Erachtens — denn der Zentralausschuß hat sich auch darin meinen Vorschlägen angeschlossen — die reichsgesetzliche Vorlage gemacht hat, ist der: sie hat die Symptome gewürdigt und nicht die Ursachen; sie hat nur die Belastung gesehen und sie von den kleinen Gemeinden auf die Städte abgewälzt. Nun liegt die Last da. Die tieferen Ursachen dieser Last sind dadurch weder erkannt noch beseitigt. Die tiefere Ursache — und das ist wohl der springende Punkt unserer ganzen Betrachtungen — liegt einfach in der mechanischen Gleichstellung von Stadt und Land, von Gutsbezirken und Landgemeinden, von kleinen und großen Städten; mit anderen Worten: ein Ortsarmenverband von 50 Einwohnern soll in der Aufgabe, die seiner qualitativen Armenpflege zugemutet wird, genau ebenso gestellt sein, wie Berlin mit 2 Millionen Einwohnern. Wenn Sie sich diese Verteilung einmal ansehen wollen: im ganzen Reiche sind etwas über 60 000 Gemeinden, wovon 42 000 auf ländliche Gemeinden und 12 500 auf Gutsbezirke entfallen, die aber keineswegs etwa auf das Land sich gleichmäßig verteilen, sondern im höchsten Grade ungleichmäßig verteilt sind. Sie finden in Pommern eine große Anzahl Gutsbezirke, in Schlesien eine große Anzahl Gesamtarmenverbände, kurz, von einer Gleichmäßigkeit ist in keiner Weise die Rede. Wenn Sie sich die Ziffern betrachten, mit denen die Gesamtbevölkerung auf die einzelnen Gebiete verteilt ist — diese insgesamt 70 000 Landgemeinden einschließlich Bayerns verteilten sich schon 1885 auf 25 Millionen Einwohner, während die 3360 Städte sich auf 30 Millionen verteilten —, so tritt plastisch hervor, um wie außerordentlich ungleichmäßige Gebiete es sich handelt. Und darin liegt der Schlüssel der Schwierigkeiten: durch die bloße mechanische Verteilung der Lasten wird in der Tat an den Verhältnissen nichts geändert, es wird vor allen Dingen die positive Aufgabe der Armenpflege dadurch nicht gefördert; die Mißstände der Armenpflege werden fortdauern, ja man kann sagen, durch die Abnahme auch dieser Lasten wird für das Land auch der letzte Anreiz zu einer Besserung der Zustände verschwinden.

Und wenn wir da fragen: wie sollen wir bessern und ändern? — da kann man nur sagen: es kann gebessert und geändert werden, ohne daß eine erheblichere Änderung der Armengesetzgebung selbst vorgenommen werde. Zwar ist bei uns die Schwierigkeit größer als in zentralistisch regierten Ländern, wie Frankreich und England, weil wir es für diese Fragen mit der Gesetzgebung der Einzelstaaten zu tun haben, weil die Organisation der Armenpflege den Landesgesetzgebungen überlassen ist. Aber wohl könnte man fordern, daß ein Mindestmaß der Organisation durch die Reichsgesetzgebung verlangt würde, und wohl könnte man den Landesregierungen auferlegen, daß sie die Organisation nach denjenigen Gesichtspunkten ausgestalten, die in Wissenschaft und Praxis als die maßgebenden seit lange anerkannt sind. Der Schwerpunkt liegt hierbei in derjenigen organisatorischen Tätigkeit, die wir mit zusammenfassendem Namen als die Beteiligung größerer Verbände an der Armenlast bezeichnen. In dieser Beteiligung hat unser Verein seit langen Jahren das Mittel erblickt, um wirklich heilsam die Lasten zu verteilen, um heilsam die Armenpflege zu fördern und wirklich ein Handinhandarbeiten aller derjenigen zu ermöglichen, die überhaupt an der Übung einer geordneten und gesunden Armenpflege ein Interesse haben. Ich werde mich mit der Aufzählung dessen begnügen müssen, was hier in Betracht kommt, ohne jede Einzelheit anführen zu können. Ich will erwähnen, daß wir diese Beteiligung systematisch einteilen erstens in die **Beihilfen an unvermögende Ortsarmenverbände** bezw. die **Übernahme einer finanziellen Beteiligung an den Lasten der örtlichen Armenpflege**, und zweitens die **Bildung von Zweckverbänden**, sei es durch Bildung von Gesamtarmenverbänden oder von Verbänden für einzelne Zweige der öffentlichen Fürsorge und endlich die **unmittelbare Übernahme der gesamten Armenpflege oder einzelner Zweige durch größere Verbände**. Diese Formen finden sich schon jetzt in allen Staaten, ja man kann sagen in allen Kulturländern, wenn sie allerdings auch sehr ungleich ausgebildet sind.

Lassen Sie mich hierbei auf einen wichtigen Gesichtspunkt hinweisen, der auch so sehr leicht übersehen wird: daß nämlich auch hier die Verhältnisse keineswegs gleich liegen. Eine neuere Statistik, die sich an die von 1885 anlehnt, weist in Ostpreußen 2450 Armenverbände auf, die überhaupt keine Steuern erheben, und 2302, die nur bis zu 100% erheben; dann kommt allerdings eine Zahl von 1087, die über 300%, 578, die über 200%, 1177, die über 100% erheben. In Posen haben Sie 2153, die keine Steuern erheben, in Pommern 1673 usw.

Wenn sonach die Verhältnisse tatsächlich ganz außerordentlich verschieden liegen, so ergibt sich, daß keineswegs alle Armenverbände einer Subvention bedürftig sind, sondern nur diejenigen, die wirklich überlastet sind. Über die Höhe der in neuerer Zeit von den preußischen Landarmenverbänden gewährten Beihilfen an Ortsarmenverbände zur Erleichterung der Armenlasten habe ich in Eile die folgenden Zahlen zusammenstellen können. Es wurden gewährt:

	1903 Mk.	1902 Mk.	
Posen	279	5 502	
Westfalen	1 956	2 357	
Kassel	1 425	1 494	
Sachsen	2 542	2 844	
Brandenburg	49 228	43 754	ordentl.
	8 049	17 153	außerordentl.
Rheinprovinz	20 000	59 424	
Schlesien	25 150	29 609.	

Im ganzen sind die Beihilfen also nicht von großer Bedeutung, wobei allerdings anzuerkennen ist, daß allgemeine Beihilfen insofern nicht ganz unbedenklich sind, als ein hoher Steuersatz leicht harte und zu sparsame, ein niedriger leicht verschwenderische Armenpflege herbeiführen kann. — Ein sehr zweckmäßiges Mittel, um dem Mißbrauch nach beiden Seiten zu steuern, ist das System der quotenweisen Beteiligung, ein System, das namentlich in Frankreich mit großem Glück durchgeführt ist. Noch in dem allerneuesten französischen Gesetz über die Kinderfürsorge befindet sich die Bestimmung, daß die Aufsichtskosten vom Staate völlig getragen werden, während die Verwaltungskosten zu einem Fünftel von der Gemeinde, zu je zwei Fünfteln vom Staat und vom Departement getragen werden. Gute Beispiele gibt das preußische Gesetz von 1891 betreffend die außerordentliche Armenlast. Danach trägt der Landarmenverband die allgemeinen Verwaltungskosten, während der Ortsarmenverband die Individualkosten durch Vermittlung des Kreises zu erstatten hat, der mindestens zwei Drittel der Kosten als Beihilfen gewähren muß. In dem preußischen Gesetz, betreffend die Fürsorgeerziehung trägt der Staat zwei Drittel der Unterhaltungskosten, während dem ausführenden Kommunalverband ein Drittel, dem Ortsarmenverband die Kosten der ersten Ausstattung zur Last fallen. In Sachsen-Meiningen wird in den

Fällen der sogenannten außerordentlichen Armenlast den Gemeinden die Hälfte des Aufwandes vom Staate erstattet. Ein dem Landtage soeben vorgelegtes Gesetz des Königreichs Sachsen nimmt in Aussicht, daß für die in Staatsanstalten untergebrachten Pfleglinge verschiedenartige, nach ihrer Leistungsfähigkeit abgestufte Pflegesätze gezahlt werden.

Was die Zweckverbände angeht, so ist als beachtenswerte Tatsache zu vermerken, daß sich mit Ausnahme von Lippe-Detmold nach Erlaß des Gesetzes von 1870 neue Gesamtarmenverbände nicht gebildet haben; ebenso bemerkenswert ist es, daß der Vertreter der Reichsregierung, Graf Posadowsky, in den im Januar d. J. gepflogenen Reichstagsverhandlungen äußerte, er wünsche dringend, daß man in den Einzelstaaten die Gesetzgebung dahin änderte, daß durch Beschluß der höheren Verwaltungsbehörde zwangsweise Gesamtarmenverbände gebildet werden könnten. Es darf hierbei an das Vorgehen von Niederösterreich erinnert werden, wo durch das Gesetz von 1893 die sämtlichen Gemeinden zu Bezirksarmenverbänden vereinigt wurden, ein Vorgehen, das allerdings nicht ohne berechtigten Widerspruch blieb, da es zu mechanisch vorgenommen wurde und die individuelle Stellung der Gemeinden nicht genügend berücksichtigte.

Von den Zweckverbänden für einzelne Zweige der Fürsorge kommen namentlich solche für Zwecke der Kranken- und Waisenpflege in Betracht. Am bedeutendsten ist hier das Beispiel von Sachsen, das in seinen Bezirksanstalten in den sechziger Jahren Verbände der Heimatgemeinden schuf, durch die namentlich der Bettelei und dem Landstreicherunwesen mit Erfolg gesteuert wurde. Ähnlich ist man auch aus Anlaß des obenerwähnten Gesetzes in Niederösterreich vorgegangen und hat, soweit es gemeinschaftliche Bezirksarmenhäuser betrifft, einen entschiedenen Erfolg zu verzeichnen.

Zu den Zweckverbänden gehören auch die schon in anderm Zusammenhange erwähnten Einrichtungen der Naturalverpflegungsstationen zur Bekämpfung der Wanderbettelei. Gerade auf diesem Gebiet handelt es sich um ein Interesse, das in erfolgreicher Weise nur durch das Zusammenwirken der vereinigten Gemeinden in einem Zweckverbande wahrgenommen werden kann.

In solchem Zusammenwirken scheint mir auch das wesentliche Heilmittel für das Verhältnis der Nachbargemeinden und Vororte zu einander zu liegen, das in der neuen Fassung des § 29 kaum gefunden werden kann. Zurzeit sind die Verhältnisse einfach unerträglich; ja das Hinüber und Herüber aus den einzelnen Gemeinden, die zusammen tatsächlich ein wirtschaftliches Ganze bilden, führt zur vollkommenen Absurdität. Ich kann in der Tat sagen, daß sich mir jedesmal die bekannte Feder sträubt, wenn ich eine Ausweisung nach Weißensee, Rixdorf oder Schöneberg vollziehen muß, eine förmliche Ausweisung durch die Polizeibehörde, weil die Person zum Beispiel von der Kurfürstenstraße 55 nach der Kurfürstenstraße 133 gezogen ist; denn das eine Haus gehört zu Berlin, das andre zu Schöneberg oder Charlottenburg. Es führt einfach zur Absurdität, wenn jährlich 300000 Personen über die Grenze herüber- und hinüberwechseln und wir ihnen armenrechtlich nachfolgen müssen. Die Eingemeindung werden wir leider nicht so bald haben; aber eine angemessene Regelung muß in solchen Nachbargebieten unbedingt stattfinden durch einen angemessenen Ausgleich und nicht durch eine wechselseitige Bekämpfung. Sie können versichert sein, daß durch die neue Fassung des § 29 dieser Kampf nur noch vermehrt und verschärft werden wird.

(Sehr richtig!)

Was wir uns gewünscht haben, die Verminderung der endlosen Schreibereien, wird sich so sehr in sein Gegenteil verkehren, daß wir nicht nur mit den Kosten für die Unterstützung, sondern mit unermeßlichen Kosten für Tinte und Papier allein für diesen Zweck zu rechnen haben werden.

(Heiterkeit.)

Für die Möglichkeit eines solchen Ausgleichs möchte ich auf ein Beispiel hinweisen, das uns die englische Metropole gibt. Dort besteht seit dem Jahre 1867 der sogenannte Metropolitan Common Poor Fund, ein gemeinsamer Fonds, aus dem gewirtschaftet wird. Zunächst werden sämtliche gemeinschaftliche Bedürfnisse der beteiligten Gemeinden für gewisse Zweige der Armen-, Kranken- und Irrenpflege bestritten, und dann der Anteil jeder Gemeinde berechnet. Es sind gegenwärtig 32 Gemeinden beteiligt. Die Berechnung wird am Jahresschluß dahin aufgemacht, wie hoch das Steueraufkommen dieser 32 Gemeinden ist. Die Gemeinde, die nach ihrem Steueraufkommen die ärmere ist, bekommt aus der gemeinschaftlichen Kasse den Fehlbetrag ersetzt, während die reicheren Gemeinden einen Zuschuß leisten müssen. So hat beispielsweise nach dem Bericht des letzten Jahres der Gesamtaufwand 32 Mill. Mark betragen. Davon sind an einige bekannte arme Bezirke, z. B. Bethnal Green, Poplar, Southwalk usw. 300 000 bis 400 000 Mk. zurückerstattet, während die reichen Bezirke, wie St. George, Hampstead u. a., 600 000 Mk. in den gemeinsamen Pott zahlen mußten, die City of London allein 1 1/2 Mill. Mark. Das ist ein so gesundes Prinzip der Ausgleichung, daß ich glaube, mit einem gewissen Nachdruck darauf hinweisen zu sollen.

(Sehr richtig!)

Die unmittelbare Übernahme der Armenlasten durch die Landarmenverbände wird noch viel zu wenig gewürdigt. Die Landarmen sind der Ortsarmenpflege entrückt, d. h. sie werden ganz unmittelbar und in allen Bedürfnissen durch den Landarmenverband unterstützt, weil sie zu keiner Gemeinde durch den Besitz eines Unterstützungswohnsitzes in einem Angehörigkeitsverhältnis stehen. Die hierdurch den Ortsarmenverbänden gewährte Entlastung ist sehr bedeutend, wobei angenommen werden kann, daß die hier in Frage stehenden Armen vielfach mit den wirtschaftlich nicht nützlichen Elementen der Bevölkerung identisch sind. Genauere neuere Zahlen liegen für das Gesamtgebiet des Reiches nicht vor. Nach der Reichsstatistik von 1885 stellte sich das Verhältnis so, daß von insgesamt 761 426 Unterstützten 731 000 Ortsarme und 30 300 Landarme waren, die mit einem Aufwand von 70,1 bezw. 7,75 Mill. Mark unterstützt wurden. Bemerkenswert ist, daß hierbei von den Landarmenverbänden 72,2, von Ortsarmenverbänden nur 20,8 % in geschlossener Pflege unterstützt wurden, und daß die Aufwendung pro

Kopf dort 172, hier 50 Mk. betrug. Wenn man die in den Berichten der preußischen Provinzialverbände mitgeteilten neueren Ziffern zugrunde legt, so würde sich im Verhältnis zur gesamten Bevölkerung des Deutschen Reiches etwa eine Zahl von 132 000 Unterstützten, davon 45 000 dauernd unterstützten Armen ergeben, die vollständig durch die Landarmenverbände mit einem Gesamtaufwand von rund 9 Mill. Mark erhalten werden.

Daß diese Ziffern eine besonders starke Entlastung gerade der ländlichen Armenpflege bedeuten, ist sehr wahrscheinlich. Schleswig-Holstein bemerkt ausdrücklich in seinem Bericht von 1902, daß mehr als $4/7$ der als landarm unterstützten Personen aus Eingewanderten bestanden habe.

Neben diese ordentliche Armenlast tritt die sogenannte außerordentliche Armenlast für diejenigen Zweige der öffentlichen Fürsorge, deren Übung besondere technische Schwierigkeiten bereitet, oder bei denen wichtige Gesichtspunkte der öffentlichen Sicherheit, der Gesundheitspflege, der Erziehung usw. neben denen der Armenpflege eine besondere Rolle spielen, so namentlich in der Fürsorge für Blinde, Taubstumme, Geisteskranke, Schwachsinnige, Sieche usw. Diese Art der Fürsorge ist in der mannigfachsten Weise in allen Bundesstaaten entwickelt, sei es durch vollständige Übernahme, sei es durch Schaffung der erforderlichen Einrichtungen und Anstalten, die den Gemeinden gegen ein sehr mäßiges Entgelt zur Verfügung stehen. Wegen der Einzelheiten darf ich auf die zusammenfassende Darstellung verweisen, die Brandts und Zimmermann 1897 in Heft 32 unsrer Schriften gegeben haben. Diese Tätigkeit der größeren Verbände ist naturgemäß noch vielfacher Erweiterung fähig und bedürftig. Ganz besonders muß die Notwendigkeit ärztlicher, geburtshilflicher und krankenpflegerischer Fürsorge auf dem Lande betont werden, die vielfach mehr als alles zu wünschen übrig läßt.

Wir sind allerdings der Meinung, daß ein völlig zufriedenstellendes Ergebnis nicht erhofft werden kann, wenn die Regelung dieser Angelegenheiten ganz allgemein dem Ermessen der einzelnen Landesregierungen überlassen wird. Wir haben daher auch an dieser Stelle eine Forderung zu wiederholen, die wir schon früher gestellt haben, daß von Reichs wegen eine geordnete Aufsicht geschaffen und die Erfüllung der Aufgaben der örtlichen Armenpflege sichergestellt werde.

Im übrigen kann ich an dieser Stelle auf weitere Einzelheiten nicht eingehen und muß zum Schluß eilen.

Der springende Punkt aller unsrer Erörterungen ist, daß wir meinen, wir sollten an die großen und bedeutsamen Aufgaben einer gesetzgeberischen Reform nicht herangehen mit der Absicht, in kleiner Weise hier und da zu bessern, wir sollten nicht die Last von der einen Stelle weg- und auf eine andre Stelle hinpacken, sondern wir sollten die gesamten Armenverbände des Landes in die Lage versetzen, durch zweckmäßige Organisation ihrer Aufgabe genügen zu können.

Wir haben nun, um zu irgendeinem Resultat zu kommen — unter „wir" verstehe ich den Zentralausschuß — eine Reihe von Leitsätzen vorgelegt, in denen die Gesichtspunkte, die ich mir eben erlaubt habe zu erörtern, programmatisch niedergelegt sind. Diese Gesichtspunkte enthalten die

Stellungnahme des Zentralausschusses zu den gesamten Fragen. Weil es aber nicht möglich ist, diese einzelnen Punkte etwa hintereinander zu erörtern, weil Debatten von endloser Dauer sich daran knüpfen würden, haben wir die Bitte an die Versammlung auszusprechen, die ja schon der Herr Vorsitzende an Sie gerichtet hat, nicht gar zu sehr in dieses Detail einzugehen. Der Zentralausschuß empfiehlt Ihnen vielmehr, in folgender These, die ganz kurz lautet, zu den in Ihren Händen befindlichen Leitsätzen Stellung zu nehmen:

Auf Grund der vom Zentralausschuß ihr vorgelegten Leitsätze, denen sie in allen wesentlichen Punkten zustimmt, spricht die Versammlung die Hoffnung aus, daß der Reichstag dem Entwurf zur Abänderung des Gesetzes über den Unterstützungswohnsitz in der vorliegenden Fassung die Zustimmung versagen werde.

Meine Damen und Herren! Als wir diese Verhandlungen im Herbst vorigen Jahres führten, als wir auf der Grundlage des Generalberichts zurückblickten auf 25 Jahre unsrer Tätigkeit und bei dem andern Thema unsrer künftigen Arbeit Maß und Richtung zu geben versuchten, da ahnten wir nicht, daß wenige Monate später die ernste Aufgabe an uns herantreten würde, Aufgaben und Ziele der öffentlichen Armenpflege aus Anlaß einer Gesetzesänderung erneut zu erörtern. Wir glaubten, dieser Aufgabe nicht aus dem Wege gehen zu dürfen, nachdem wir ein Vierteljahrhundert hindurch der öffentlichen Armenpflege und der privaten Wohltätigkeit Ziel und Richtung zu weisen bemüht waren. Vielleicht wird man gegen uns das Bedenken erheben, daß die Zusammensetzung unsres Vereins naturgemäß den städtischen Interessen ein gewisses Übergewicht verleihe. Dieses Bedenken trifft vielleicht insoweit zu, als gesagt werden kann, daß nur für die Städte und größeren Bezirke eine Reihe organisatorischer Fragen in Betracht falle, die in kleineren Bezirken ohne Bedeutung sind. Aber dieser Umstand hat den Verein nie gehindert, die Fragen des Armenwesens von allgemeineren, die Gesamtheit umfassenden Gesichtspunkten zu behandeln. Nie sind in unserm Kreise politische oder konfessionelle Zwistigkeiten, nie Gegensätze von Stadt und Land, von Landwirtschaft und Industrie aufgetaucht. Und wenn in unsrer Stellungnahme zu dem Gesetzentwurf wir mit Bedenken nicht zurückhalten wollen und können, so sind diese Bedenken gerade aus der Würdigung allgemeiner Interessen entsprungen. Wir fürchten, daß eine nur die Symptome, nicht die Ursachen würdigende Gesetzgebung dazu führen muß, die Gegensätze zwischen Stadt und Land zu verschärfen. Wir fürchten, daß eine nur negativ wirkende Entlastung des Landes von der Armenlast die Landflucht nicht hemmen, sondern fördern wird. Wir fürchten, daß mit der Landflucht die Neigung zu positiver unaufschiebbar notwendiger Besserung der ländlichen Armenpflege ganz zurückgedrängt werden, und daß eine übermäßige Belastung der Städte ihren Eifer beeinträchtigen könne, in dem Ausbau ihrer den Armen dienenden Einrichtungen fortzufahren. Denn nicht die Verteilung der Armenlasten ist es, der wir unser Augenmerk in erster Linie zugewendet haben, sondern wir haben von jeher unsre Bemühungen dahin gerichtet, das Los der Bedürftigen zu erleichtern. Und in diesem Sinne haben wir stets betont, daß die Armen=

pflege die letzte Stelle in der Reihe wirtschaftlicher und sozialer Einrichtungen einnehmen und sich bescheiden müsse, als letzte Zuflucht zu dienen dem, den jene Einrichtungen nicht zu retten vermochten. Deshalb haben uns alle Maßregeln der Vorbeugung stets so hoch gestanden, weil wir meinten, Armenpflege überflüssig machen sei besser, als Armenpflege üben. Und eben deshalb wünschten wir, der Landbewohner werde durch guten Lohn, durch Besitz eines eigenen Heims, durch Schaffung von Wohlfahrtseinrichtungen und helfender Fürsorge so gestellt, daß ihm die Scholle lieb gemacht werde.

(Bravo!)

Wir stehen hier nicht als Freunde der Städte, nicht als Gegner des Landes, sondern unsern Traditionen getreu als Berater und Freunde derer, die der Förderung gesunder sozialer Armenpflege zugewandt sind. Mögen unsre Worte nicht ungehört verhallen!

(Lebhafter Beifall.)

Vorsitzender: Wir treten in die Debatte ein. Ich gestatte mir aber, vorher zu bemerken, daß es bei uns Gepflogenheit ist, mit einer Redezeit von ungefähr 10 Minuten zu rechnen, damit möglichst viele von den Herren zum Worte gelangen können. Wenn die 10 Minuten verflossen sind, werde ich nicht verfehlen, die Versammlung zu fragen, ob der betreffende Redner weitersprechen soll.

Ich gebe nunmehr das Wort Herrn Justizrat Dr. Ruland-Colmar i. E.

Justizrat und Armenrat Dr. Ruland-Colmar i. E.: Hochverehrte Damen und Herren! Halten Sie es nicht für unbescheiden, wenn ich mir erlaube, als Erster nach dem Herrn Referenten das Wort zu nehmen. Ich habe die Überzeugung, daß das, was ich zu sagen habe, für die heutige Tagesordnung vielleicht von einer allgemeinen Bedeutung ist und deshalb wohl eingangs der Verhandlungen gesagt zu werden verdient.

An erster Stelle möchte ich den anwesenden Mitgliedern des Vereins eine kurze Mitteilung machen, die bereits Herr Dr. Münsterberg angedeutet hat. Diejenigen von Ihnen, die seinerzeit in Straßburg, Nürnberg und zuletzt in Mannheim mitgetagt haben, werden sich entsinnen, in welchem Sinne ich bemüht gewesen bin, für das Reichsland, für unser Elsaß-Lothringen, eine Änderung der Armengesetzgebung in die Wege zu leiten. Sie werden wissen, daß wir für unsre Bestrebungen zuerst im Schoße des Vereins ein Asyl gefunden haben. Und wenn vorhin Münsterberg angedeutet hat, daß heute endlich ein Erfolg zu verzeichnen ist, so, glaube ich, müssen wir Elsaß-Lothringer vor allen Dingen dem Verein dafür unsre Dankbarkeit aussprechen. Ihre Beschlüsse, der milde Beschluß von Straßburg, der etwas schärfere von Nürnberg und der derbe von Mannheim haben gewirkt. Endlich hat sich die Regierung des Reichslandes entschlossen, einen energischen Schritt vorwärts zu tun! Die Denkschrift, die Münsterberg erwähnt, ist eine programmatische Erklärung der elsaß-lothringischen Regierung, und sie ist ausgefallen ganz im Sinne dessen, was unser Verein stets erstrebt hat. Sie bekundet den festen Willen des Kaiserlichen Statthalters, im Sinne des echten und wahren Fortschritts, also im Sinne der obligatorischen Armenpflege nunmehr an das große gesetzgeberische Werk heranzutreten. Daß das in uns ein Vollgefühl der Freude erweckt, werden Sie mit mir verstehen. Ich spreche hier zugleich im Namen derjenigen, die mit mir bisher in der Front der ganzen Bewegung gestanden haben. Ich selbst bin nicht geborener Elsaß-Lothringer, ich bin Altdeutscher; aber das Reichsland ist mir zur zweiten Heimat geworden, ich lebe dort, ich will dort begraben sein. Heute stehe ich nicht mehr allein. Mit mir begrüßen Sie heute mehrere Söhne des Landes, die in hervorragender Weise auf dem praktischen Gebiete der Liebestätigkeit für den Nächsten mit uns gearbeitet und sich unsrer Reformbewegung aus Überzeugung angeschlossen haben. Es ist mir ein Gefühl der Freude, daß ich heute schon den Ausdruck „wir" gebrauchen darf im Verein zwischen Altdeutschen und Elsässern.

(Bravo!)

Wenn ich mir nun gestatte, in einigen Punkten unsere Ansicht zur Novelle kundzugeben, so will ich dabei nicht mißverstanden sein. Das, was wir hier sagen, wird ja hoffentlich an zuständiger Stelle, also im Reichstage und von der Reichsregierung gehört werden. Wenn auch unsere elsaß-lothringische Regierung heute hier nicht offiziell vertreten ist, so kann ich doch zu meiner großen Freude feststellen, daß sie unsere Bestrebungen nicht unbeachtet läßt. Wenn auch nur als Privatpersonen, so ist doch aus dem Kreise unserer Regierung eine Vertretung anwesend, und abgesehen von allen persönlichen Sympathien, begrüßen wir sie aus sachlichen Gründen hier mit großer Freude.

Was ich zum Gesetzentwurfe selber hier vorbringen will, soll nicht so aufgefaßt werden, als wenn wir, die wir auf dem Gebiete dieses Gesetzes noch gar keine Erfahrungen haben, uns anmaßen wollten, über dieses Gesetz zu urteilen. Das ist nicht unsere Absicht. Aber Sie dürfen auch eins nicht vergessen: nostra res agitur! Denn das Gesetz, das jetzt verbessert oder verschlimmbessert werden soll, sollen wir übernehmen. Die Ausführungen der Denkschrift gipfeln darin, daß dieses Gesetz als Reichsgesetz in Elsaß-Lothringen eingeführt werden soll. Nun können Sie sich unser Interesse an der heutigen Verhandlung erklären. Der Kongreß in Mannheim hatte zu der allgemeinen Frage, ob eine gesetzliche Änderung des Reichsgesetzes not tue, klipp und klar Stellung genommen! Ich teile die Überraschung des Herrn Dr. Münsterberg, daß wir auf einmal kurz nach dem Mannheimer Kongresse hören müssen, dasselbe Gesetz, das in Mannheim von sachverständigster Seite als genügend anerkannt worden ist, soll trotzdem in wesentlichen Punkten geändert werden. Uns lag damals der vorzügliche Bericht Flemmings vor, und mit den Ausführungen, die Buehl dazu gegeben hatte, war in uns Elsaß-Lothringern die Überzeugung befestigt, daß, wenn wir dieses Reichsgesetz bekämen und alles übrige durch die Landesgesetzgebung einrichten würden, wir unserer großen Aufgabe der Gesetzesreform nachkommen könnten. Schwander hatte dieselbe Frage in seinem Berichte geprüft und war zu demselben Ergebnisse gekommen, daß dieses Gesetz in seiner großzügigen Art an sich ein gutes sei. Nur die der Landesgesetzgebung überlassene Ausführung, die Organisation und Verteilung der Lasten, wurde uns von den Berichterstattern als fehlerhaft bezeichnet. Das Reichsgesetz selbst erschien uns nicht als reformbedürftig.

Und nun dieser Entwurf mit seinen einschneidenden Neuerungen.

Zunächst die allgemeinen Gesichtspunkte! Wir vermissen in dem Gesetzentwurfe dasjenige, was für uns in der Armenpflege die Hauptsache ist, nämlich die Rücksicht auf den Hilfsbedürftigen selbst! Soll denn dieser Entwurf für die armenpflegerische Seite, für das, was wir dem Hilfsbedürftigen bringen wollen, eine Besserung bedeuten! Wir befürchten, daß das Gegenteil erreicht werden wird! Der allgemeine, große Gesichtspunkt der Armenpflege ist offenbar nicht maßgebend für den Entwurf gewesen; nein, nur der schnöde Mammon war unserer Auffassung nach maßgebend.

Es sind Beschwerden bei der Beschaffung der Mittel für die kleinen Verbände hervorgetreten, und aus diesem Gesichtspunkte allein will man nun in dem Gesetze selbst Änderungen bringen, welche die schwersten Folgen gerade für die armenpflegerische Seite haben werden. Wir stellen an die Spitze unserer Bestrebungen die „Individualisierung". Wir wollen in jedem einzelnen Falle die Quelle des Übels ergründen und dann helfen. Wird denn, wenn diese gesetzgeberische Änderung eintritt, nicht noch eine viel größere Massierung der Armenbevölkerung, ein Zusammenströmen der Massen an einzelnen Orten, vor allem in Fabrikstädten, eintreten? Wird nicht dadurch die „Individualisierung" geradezu erschwert werden? Meine feste Überzeugung ist es, daß nach Durchführung der Novelle gerade die industriellen Bezirke nur noch mehr mit Armenbevölkerung überladen werden, und daß die Hilfe für den einzelnen nur noch viel schwieriger werden wird.

(Sehr richtig!)

Ein zweites! Wir stehen auf dem Standpunkte, daß wir in der Armenpflege die Familienbande schützen, sie stärken, das Pflichtgefühl des Kindes gegen seine Eltern, des Ernährers gegen seine Familie erhöhen sollen. Glauben Sie denn, meine verehrten Damen und Herren, daß, wenn dieser Entwurf Gesetz wird, für diesen Gesichtspunkt auch nur das geringste gewonnen wird? Das Gegenteil wird meiner Überzeugung nach eintreten. Für die Kinder werden vom 16. Lebensjahre ab die Familienbande nur noch mehr, als bisher, gelockert werden.

Dann der dritte allgemeine Gesichtspunkt: wir bemühen uns, möglichst die Privatwohltätigkeit zu stärken, dafür zu sorgen, daß unsere öffentliche Armenpflege möglichst entlastet wird. Sie sehen es aus unseren Leitsätzen und werden es noch aus berufenerem Munde näher begründen hören, daß die Privatwohltätigkeit durch diesen Entwurf schwer geschädigt wird.

Ein fernerer Punkt von allgemeiner Bedeutung ist die Landflucht. Wir wollen die Landflucht möglichst vermeiden, auch den Landarbeiter möglichst seßhaft machen.

Wird das durch diese Vorlage gefördert? Ich bin fest überzeugt, daß das Gegenteil eintreten wird. Ich darf mich ja nicht in Einzelheiten ver= lieren; Sie werden das alles aus den Leitsätzen entnehmen.

Unter den erwähnten drei Neuerungen der Novelle, also Verkürzung der Frist, Herabsetzung des Alters und Änderung des § 29, befindet sich eine, von der wir Elsaß=Lothringer offen sagen können, daß sie uns nicht schreckt, und ich möchte hierfür die Gründe andeuten, wenn ich auch im ganzen durchaus auf dem Standpunkt der Leitsätze stehe. Das ist die Herabsetzung der Erwerbs= und Verlustfrist von zwei Jahren auf ein Jahr.

Diejenigen Menschen, für die der Fristerwerb überhaupt in Frage kommt, sind meistens schon volkswirtschaftlich krank, sie befinden sich auf dem absteigenden Aste. Nun frage ich: ist es nicht praktischer, die Armen= pflege möglichst bald eintreten zu lassen, um diese Kranken sozial wieder zu heben, für die Gesellschaft wiederzugewinnen, ehe sie vollständig verloren sind? Von diesem Gesichtspunkte aus, glaube ich, kann man gegen die Herabsetzung dieser Frist eine besondere Einwendung nicht machen, wenn auch andere bedenkliche Folgen eintreten sollten. Für uns im Westen ist diese kurze Frist auch nichts Neues. Unser altes Gesetz von 1793 über den „domicile de secours" hat bereits die einjährige Frist, wenn sie auch wegen der fehlenden Mittel dem armenpflegerischen Erfolge nach nur auf dem Papier geblieben ist. In einzelnen Städten haben wir die Armen= pflege nach obligatorischem Systeme eingerichtet und die Wirkungen der kurzen, einjährigen Frist kennen gelernt. Wir können ohne Widerspruch aus unseren Kreisen sagen, daß wir gegen diese kurze Frist besondere Ein= wendungen nicht zu erheben haben. Ich verkenne aber nicht, daß schwer= wiegende Bedenken entgegenstehen.

Wenn nun auf dem Wege, den der Entwurf betreten hat, die Abhilfe gegen die Belastung kleiner Verbände nicht zu finden ist, auf welchem Wege sollen wir sie denn suchen? Zweifellos hat Kollege Münsterberg den Nagel auf den Kopf getroffen, wenn er sagt: auf dem Wege, daß die Lasten richtiger verteilt werden, im Wege der Abwälzung auf stärkere Schultern. Daß wir einmal im Laufe der Zeit, vielleicht der Jahr= hunderte dazu kommen werden, eine volle Staats=Armenpflege zu haben, daran zweifle ich persönlich nicht einen Augenblick. Daß die Zeit jetzt dazu noch nicht reif ist, mag sein; aber es wird dazu kommen. Der Gesichts= punkt des „Äquivalentes", den die Begründung der Novelle erwähnt, soll meines Erachtens gerade auch für die künftige Belastung mit den Kosten der Armenpflege maßgebend sein. Wer hat denn den größten Vor= teil davon, wenn im einzelnen Falle die Armenpflege energisch, zielbewußt und mit Erfolg eingreift? Den Hauptvorteil hat die Allgemeinheit, hat der Staat! Einen Anteil mag vielleicht in etwas die Gemeinde mit haben, indem der nunmehr wieder steuerkräftig gewordene Bürger mit zahlen kann; aber den Hauptvorteil hat der Staat, und so meinen wir, die Abhilfe läßt sich nur finden, indem heute schon einzelne Zweige der öffentlichen Armenpflege, was die Aufbringung der Mittel angeht, den Orts= armenverbänden entzogen, und indem diese Lasten auf größere Verbände und womöglich auf den Staat übertragen werden.

Dabei, meine Damen und Herren, ist es für uns in dem kleinen

Lande leichter, schon mit ganz bestimmten Vorschlägen zu kommen. Für uns möchte ich den Vorschlag dahin verdichten, daß man diese einzelnen Gebiete, die ich kurz jetzt erwähnen will, einfach, was die Aufbringung der Mittel angeht, den Ortsarmenverbänden wegnimmt und sie den Landarmenverbänden bezw. dem Staate belastet. An erster Stelle die ganze geschlossene Armenpflege, sowohl was die Waisen, als was die Irren und die Kranken angeht. Die Last dieses ganzen Gebietes wird aufs schwerste von den Ortsarmenverbänden empfunden.

Dann ferner die Fürsorge für Greise und Gebrechliche. Ein Palliativmittel wird ja schon insofern vorgeschlagen, als eine Altersgrenze nach oben für den Erwerb des Unterstützungswohnsitzes festgestellt werden soll. Ich glaube, die gründliche Abhilfe wäre hier nur, wenn Staatshilfe eintreten würde.

Dann sind es die Wanderarmen, deren Last auf breitere Schultern abgewälzt werden muß. Zu diesen einzelnen Gebieten möchte ich noch kurz folgendes bemerken.

Was zunächst die Waisenpflege angeht, und zwar die Pflege sowohl für Vollwaisen wie für Halbwaisen, so hat man in Frankreich und damit bei uns in Elsaß-Lothringen bereits den angedeuteten Schritt getan. Wir haben ein Gesetz von 1860, welches im Prinzip diese Lasten dem Bezirke aufbürdet, wenn auch die Ortsgemeinde dabei in etwa beteiligt ist und beteiligt bleiben muß. Was die Irrenpflege betrifft, so besitzen wir ein Gesetz aus dem Jahre 1838, welches dasselbe Prinzip ausspricht, und in diesem Gesetze haben wir schon die Quotenbeteiligung, die Kollege Münsterberg als das Prinzip der Zukunft hinstellt. Es ist in diesem Gesetz die Maßregel getroffen, daß keine Ortsgemeinde mehr belastet wird, als es ihre Einkünfte gestatten. Den Rest trägt der Bezirk.

Dann erwähnte ich die Krankenpflege. Hier meine ich nicht nur die geschlossene Krankenpflege, sondern auch die offene. Frankreich hat seit dem 15. Juli 1893 die „loi sur l'assistance médicale gratuite". Da sehen Sie das Prinzip der Armenkrankenpflege auf Staatsschultern schon durchgeführt! Beteiligt ist an erster Stelle die Gemeinde, ferner das Departement; aber dahinter steht der Staat als größte Finanzkraft, und so wird in jedem einzelnen Falle der Krankenpflege es ermöglicht, nicht nur volle Pflege zu leisten, sondern sie auch auf Schultern zu legen, welche sie tragen können.

Die Fürsorge für Alte und Gebrechliche läßt sich ebenfalls unter diesem Gesichtspunkt auffassen; denn ganz gewiß ist es eine Pflicht der Allgemeinheit und des Staates, daß derjenige, der zeitlebens gearbeitet und seine Pflichten als Staatsbürger erfüllt hat, wenn er schließlich im Alter in Not kommt, nicht gerade der Gemeinde dauernd zur Last fällt, in der er die letzte Zeit vor seiner Verarmung gelebt hat.

Dann komme ich schließlich noch zu dem Punkt der Wanderarmen. Unser hochverehrter Herr Pastor v. Bodelschwingh nennt sie seine „lieben Brüder von der Landstraße". Ja, meine Damen und Herren, diese lieben Brüder von der Landstraße liegen uns in der Armenpflege warm am Herzen,

(Heiterkeit.)

und wenn der verehrte Herr mir einen etwas weitgehenden Ausdruck ge=
statten will, so möchte ich sagen: es soll sie alle der Teufel holen!
(Große Heiterkeit.)

— Herr v. Bodelschwingh droht mir. Ich werde versuchen, ihn zu be=
schwichtigen. Haben wir denn, meine Damen und Herren, nicht das all=
gemeinste Interesse, daß für diese Kategorie der Armen von Staats
wegen energisch eingegriffen wird? Glauben Sie denn, daß der Mehrzahl
dieser Wanderarmen gegenüber das Örtliche noch irgendwie mitspricht?
Weder für sie, als einzelne Menschen genommen, noch als Gesamtbegriff
existiert eigentlich eine Verpflichtung einer einzelnen Gemeinde! Sie wandern
ja hin und her und sind stets auf der Landstraße! Dazu kommt ein
gewisses polizeiliches Moment, diese Wandernden von Staats wegen
unter eine bestimmte Kontrolle zu bekommen. Ich glaube, daß es sich da
um eine öffentliche Last handelt, die jedes Land als solche empfindet, und
je mehr diese Last auf das ganze Land verteilt werden kann, um so besser
wird sich die Armenhilfe organisieren und das Übel bekämpfen lassen. Mag
man Zweckverbände gründen oder es machen, wie man will, aber gerade
dieser Teil der Armenlasten muß auf möglichst breite Schultern geladen
werden.

Schließlich, wenn man an dem Reichsgesetze etwas bessern will, müßte
man meines Erachtens vor allem die Aufsicht über die gesamte
Ausübung der Armenpflege zu einer besseren gestalten. Wenn in
jedem Staate von einer Zentralbehörde aus die gesamte Armenpflege
beaufsichtigt wäre, so werden zunächst diese ewigen Streitigkeiten zwischen
den einzelnen verpflichteten Verbänden sich ganz wesentlich vermindern und
ferner wird auch einer ungerechten Belastung einzelner Verbände besser vor=
gebeugt werden können.

Auch hier darf ich wohl auf die französischen Verhältnisse hinweisen,
insofern Frankreich uns in vielen Punkten vorbildlich ist, und ich meine,
wir sollten von den Franzosen nicht nur die guten Weine nehmen, sondern
auch ihre guten Gesetze nachahmen. In Frankreich hat man den „conseil
supérieur de l'assistance" schon seit den 80er Jahren! Wenn, wie in
Frankreich, Männer an der Spitze der gesamten Armenpflege stehen, die mit
weitem Blick und warmem Herzen das Gesamtgebiet übersehen und praktische
Erfahrungen haben — und beides fehlt diesem Entwurfe vor allem —,
dann können auch die großen Prinzipien der Armenpflege, für die
wir fechten, durchgeführt und ihre Lasten richtig verteilt werden.

Meine Damen und Herren! Ich komme zum Schlusse. Die heute be=
handelte Frage hat noch eine tiefere Bedeutung. Auch um das jüngste
Deutschland, auch um unser Reichsland handelt es sich! Wenn wir
denn von Altdeutschland ein neues Gesetz übernehmen sollen, dann soll es
auch echte deutsche Ware sein und kein Flickwerk!

Das ist der Wunsch, dem ich Ausdruck gebe, und in diesem Sinne
spreche ich die Hoffnung aus, daß die Leitsätze, die der Zentralausschuß Ihnen
vorgelegt hat, Ihre einmütige Billigung finden werden. In diesem Sinne
möchte ich Sie bitten, Ihre Entscheidung zu fällen und dabei zu berücksichtigen,
daß es sich gleichzeitig um ein Gesetz für das Land handelt, das mit deutschem

Blute erkämpft worden ist, dem wir von Deutschland aus nur Gutes bringen wollen, und dem wir das verlorene Mutterland durch ein neues, durch ein echtes deutsches Vaterland ersetzen wollen.

(Lebhafter Beifall.)

Stadtrat Knops-Siegen: Meine Herren! Als der Herr Reichstagsabgeordnete Mommsen im Reichstag die Wirkungen der „Novelle zum Unterstützungswohnsitzgesetz" — in bezug auf die „Berliner Verhältnisse" — besprochen hatte, behauptete der Herr Staatssekretär Graf Posadowsky wörtlich folgendes:

„Im Lande draußen, namentlich im Westen, sind die Verhältnisse wesentlich verschieden. Da können Sie sehen, daß die Arbeiter, sobald die Arbeitszeit beendet ist, in die Eisenbahn steigen oder in die elektrischen Wagen, oder ihr eigenes Rad benutzen, um in großen Scharen in die Vororte zu fahren, wo sie ihren Wohnsitz haben, weil sie dort billiger und gesunder wohnen. Ist es da nicht eine Ungerechtigkeit der Gesetzgebung, daß von den Vorortgemeinden, wo der Mann nur seinen Wohnsitz hat, wo er aber keine Arbeit leistet, während der eigentliche Mittelpunkt seiner ganzen wirtschaftlichen Existenz in der Großstadt liegt, wo die Fabrik ist, und wo er auch meist seine Bedürfnisse kauft, die entstehenden Armenlasten getragen werden müssen?"

Der Herr Staatssekretär mag es entschuldigen, wenn ich diese Auslegung und Motivierung mit meinem schwachen Armenpflegerverstand nicht begreife und, wenn ich von meinem Standpunkte aus sage, daß ich so etwas Unlogisches noch niemals ausgesprochen hörte. —

Denn nach meinem Dafürhalten beweist der Herr Staatssekretär gerade mit dieser seiner Ausführung, daß die Wohnortsgemeinde die Armenlasten in diesem Falle erst recht tragen soll, denn der Arbeitsort bietet dem Arbeiter den Verdienst, und dann eilt er, so schnell er kann, per Bahn oder per Rad in seinen Wohnort, wo er mit seiner Familie billiger und gesunder wohnt. — Dort verzehrt er den im Betriebsort verdienten Lohn und dort bezahlt er seine Miete und seine Steuern. —

Darin kann ich allerdings auch wieder dem Herrn Staatssekretär recht geben, wenn er behauptet, daß namentlich im Westen die Verhältnisse wesentlich verschiedene sind.

Denn Sie finden schon ganz außerordentliche große Verschiedenheit in den Industriezentren am Rhein, an der Ruhr, an der Sieg, an der Dill und an der Saar.

Bei uns im Siegerlande liegen in mancher Beziehung die Verhältnisse überhaupt ganz anders als an der Ruhr usw., denn bei uns im Siegerland ist Industrie und Landwirtschaft noch vielfach ineinandergreifend und miteinander verwachsen.

Die Arbeiter, welche bei uns ansässig sind, haben gottlob auch zumeist noch etwas Feld und Wiese, und diejenigen Arbeiter, die aus den Nachbarbezirken kommen, um bei uns Arbeit zu leisten, haben wohl auch zumeist zu Hause in ihrer Wohngemeinde nebenbei ihre Äcker und Wiesen.

Diese Arbeiter gehen und fahren täglich oder wöchentlich, je nach der Entfernung, nach Hause und bringen ihrer Familie ihren schönen Arbeitslohn mit, währenddem zu Hause die Frauen mit ihren Kindern, ja auch mit ihren alten Eltern, dann den Acker versorgen.

Ja, in der Erntezeit bleibt sogar ein großer Teil dieser Arbeiter daheim, um beim Heumachen oder sonst bei der Ernte behilflich zu sein.

Hiernach müssen sich oft unsre Betriebe ganz einrichten! Es ist also doch wohl die Wohngemeinde, welche den Nutzen hat, denn dorthin fließt der Verdienst, den der Arbeiter aus der Betriebsgemeinde mit nach Hause bringt, und dort verzehrt er ihn auch mit seiner Familie.

Wohnt der Arbeiter entfernt vom Betriebsort, so daß er nur wöchentlich Samstags nach Hause geht, um Montags zur Arbeit zurückzukehren, so verzehrt er in der Betriebsgemeinde in der Regel nur dasjenige, was er Montags von Hause für die Arbeitstage mitgebracht hat und bezahlt in der Betriebsgemeinde in der Regel nur wenige Pfennige Schlafgeld, oder er zieht noch besondern Nutzen von den von den Werken getroffenen Wohlfahrtseinrichtungen und nimmt für ein geringes Geld in einer Menage oder Volksküche sein Mittagsmahl ein.

So viel steht fest, daß solche Arbeiter ihren Familien trotzdem fast $4/5$ ihres Lohnes nach Hause schicken oder mitbringen können.

Im Siegerland besteht seit uralter Zeit eine hervorragende Eiseninduftrie. Sie war früher, als man noch mit Holzkohlen das Eisen herstellte und man die Holzkohlen den Haibergen, den Schälwaldungen entnahm, ganz mit der Landwirtschaft verwachsen.

Heute liegt die Sache ja etwas anders; aber trotzdem können wir auch heute noch behaupten, daß auch bei uns noch Landwirtschaft betrieben wird und sie mit der Industrie noch verwachsen ist.

Da die Eisenindustrie — Bergwerke, Hütten- und Walzwerke usw. — sich mit den Jahren immer größer entwickelte, reichten die Arbeitskräfte im Kreise selbst nicht mehr aus, und fanden nunmehr Arbeiter vom benachbarten Westerwald, aus dem Sauerland, Wittgensteinschen, aus dem Hessischen, von der untern Sieg und aus dem Oberbergischen bei uns ihr Brot.

Diese Arbeiter, sparsam, wie sie gottlob sind, verzehren, wie ich schon hervorhob, meist nur das, was sie für eine Woche selbst von Hause mitbrachten, oder sie benutzen die Volksküchen und Menagen. Sie nehmen dann die hohen Arbeitslöhne mit in ihre Wohngemeinde, wo ihre Familie wohnt und ihren Acker versorgt.

Die Werke im Siegerland liegen nun aber auch zum größten Teil in Landgemeinden mit ackerbautreibender Bevölkerung, die als solche nicht besonders leistungsfähig sind.

Gerade diese Gemeinden, zumal solche, welche nahe an der Kreisgrenze liegen, haben durch die Arbeiter, welche von Außenorten zur Arbeit kommen, zwar ganz außerordentliche Lasten, aber keinerlei Einnahmen.

Und nun will man solchen Betriebsgemeinden auch noch für diese Arbeiter, die in ihrer Wohngemeinde alles verzehren, die Armenlasten auferlegen!

Das wäre eine Ungerechtigkeit und eine Härte sondergleichen, die manche Landgemeinde bei uns zugrunde richten könnte.

Ich will von meiner Stadt von nicht ganz 26 000 Einwohnern, von Siegen, nicht einmal viel reden; sie hat einige Maschinenfabriken, Hütten, Gießereien und Walzwerke, die im ganzen nur 3209 Arbeiter beschäftigen, wovon allerdings 900 Arbeiter auch vom Lande in die Stadt zur Arbeit kommen und somit auch ihren Lohn mit in ihre Wohngemeinde nehmen.

Der Schwerpunkt bei uns im Siegerland liegt in den Landgemeinden, die größere Betriebe aufweisen.

Wir sind in unsrer Stadtgemeinde mit hohen Steuersätzen von 180 % Kommunaleinkommensteuer, mit besondern Schulsteuern (weil wir Sozietäts= schulen haben), und mit 220 % Gewerbe= und 220 % Grundsteuer usw. auch nicht gerade auf Rosen gebettet.

Aber die armen Landgemeinden, die auch Betriebsgemeinden sind, haben bei uns teilweise 220—360 % aller Steuerarten aufzubringen und haben aus den Betrieben — namentlich in schlechten Geschäftsjahren, wie wir sie jahrelang wieder durchgemacht haben — wenig oder gar keine Einnahmen.

Wir haben bei uns Landgemeinden, die Betriebsgemeinden sind, in welchen 955, 1099, 1738, 4000 und 4420 Arbeiter überhaupt beschäftigt sind, wovon 540, 641, 1048, 2598 und 2772 auswärts wohnen, so daß also mehr als 50 % überhaupt in der Betriebsgemeinde nicht wohnen und ihren Lohn in die Wohngemeinde tragen, wo sie ihre Steuern bezahlen und auch ihren verdienten Lohn verzehren. —

Wir haben eine Landgemeinde mit großem Grubenbetrieb, in welcher von 4000 Arbeitern 1500 verheiratete und 1258 unverheiratete Arbeiter Beschäftigung finden, aber außerhalb wohnen. Hiervon kommen allein 300 verheiratete und 512 unverheiratete Arbeiter vom Westerwald usw. zur Arbeit in diese Landgemeinde.

Von etwa 20 000 Arbeitern überhaupt wohnen etwa 10 000 außerhalb der Betriebsgemeinde.

Für uns in der Stadt und auch für die umliegenden Ortschaften sind die vielen Saisonarbeiter, wie Maurer, Ziegler, Handlanger mehr noch in= betracht zu ziehen, die aus recht armen Gegenden kommen (darunter auch eine große Zahl junger Leute unter 18 Jahren), und somit vorübergehend Arbeit nehmen, denn diese Zahl Beschäftigter ist vom Frühjahr bis zum Winter groß, und auch sie verzehren nur das Notwendigste und bringen möglichst ihre Lebensmittel mit, infolgedessen sie in der Lage sind, bis zu $^4/_5$ ihres verdienten Lohnes ihrer Familie (und als Notpfennig für den Winter) nach Hause schicken zu können, was ja an sich recht lobenswert und auch recht erfreulich ist.

Für uns liegt aber darin auch eine große Gefahr, wenn die Betriebs= gemeinde, also wir, für den Unterhalt der Familie 26 Wochen lang haft= bar gemacht werden können, wenn der Betreffende nur eine Woche lang bei uns Arbeit geleistet hat; denn wird ein solcher Arbeiter krank oder brotlos, dann hat (weil die Familie aus der Hand in den Mund lebt) sie sofort Unterstützungen nötig.

Und wenn die Altersgrenze auf 16 Jahre herabgesetzt würde, so würde die Gefahr für uns noch immer größer, denn bei uns sind 16jährige schon des öftern die Miternährer ihrer Eltern oder sogar zumeist Ernährer ihrer Mütter.

Von 130 Unterstützten in der Stadt sind 71 Witwen; auf dem Lande wird es wohl ähnlich sein. Der Beruf ruft manchen Arbeiter zu frühzeitig ab, daher die vielen Witwen.

Und wie gefährlich, gerade für uns, würde eine gesetzliche Bestimmung wirken, wonach junge Leute von 16 Jahren selbständig ihren Unterstützungs= wohnsitz erwerben könnten!

Es würde der Fall mit Sicherheit eintreten, daß noch bestehende gute Familienbande zerrissen, die jungen Burschen und Mädchen ihre Eltern oder ihre alleinstehenden Mütter verlassen und in die Fremde ziehen würden. —

Die Folge würde dann selbstredend die sein, daß die Eltern oder die Mütter der Armenpflege anheimfallen würden.

Auch in diesem Falle haben wir in unsrer Stadt andre Verhältnisse wie in andern Landesteilen! Denn bei uns (ich spreche natürlich nur von der Stadt Siegen und der allernächsten Umgebung) sind in der Tat die 16jährigen Knaben noch Schüler, sofern sie nicht schon gewöhnliche Arbeiter geworden sind, denn bis zum 18. Lebensjahre werden sie unsre Fortbildungs= schule besuchen und, sind sie als Lehrlinge auf den Werken eingestellt, dann sind sie auch erst dann mit ihrer Lehre fertig.

Bei uns besuchen etwa 1200 junge Leute unter 18 Jahren die Fort= bildungsschule, die Wiesen= und Wegebauschule und die Eisenfachschule. —

Was wäre das für ein Unding: Schüler und Lehrlinge schon mit 16 Jahren für selbständig zu erklären!

Einen größeren Fehler konnte der Herr Staatssekretär nicht machen, als öffentlich auszusprechen und schriftlich niederzulegen, daß junge Leute mit 16 Jahren bereits selbständig seien und somit auch selbständig den Unter= stützungswohnsitz erwerben könnten.

Herr Reichstagsabgeordneter Dr. Herzfeld hat ja darüber dem Herrn Staatssekretär bereits seine Freude ausgesprochen, indem er, nach dem Be= richt im Staatsanzeiger, sagte: „In der Beziehung haben wir gegen den Gesetzentwurf nichts einzuwenden, die jungen Leute werden um so früher in den Klassenkampf hineingezogen, und sie werden um so früher zu uns kommen."

Wenn dieses Gesetz werden sollte, dann nützen allerdings auch alle Fürsorgevereine, Lehrlingsheime usw. nichts mehr; dann braucht die Re= gierung uns zur Errichtung solcher Wohlfahrtseinrichtungen auch nicht weiter aufzufordern.

Sie selbst ist es dann, die alle fürsorgenden Bestrebungen untergraben und das Familienleben mit zerstören hilft.

Ich glaube durch meine seit 1877 der Armenpflege gewidmete Tätig= keit hier aus Erfahrung sprechen zu können!

Auf die Wirkung der Einführung der 26wöchigen Unterstützungspflicht seitens der Betriebsgemeinden will ich nur ganz kurz eingehen und für uns im Siegerland behaupten, daß die Folgen unberechenbare sind und manche

Landgemeinde, die zugleich Betriebsgemeinde ist, dann unter den Steuerlasten zu grunde gehen kann. —

Wir im Siegerland sind einstimmig der Meinung, daß man überhaupt die seitherigen gesetzlichen Bestimmungen vor der Hand noch weiter unberührt lassen sollte.

Bei uns im Siegerland haben sie sich bis jetzt bewährt und bedürfen sie keinerlei Abänderung, weder für die Stadt- noch für die Landgemeinden. —

Zum Schluß möchte ich mir noch die Bemerkung gestatten, daß ich vor kurzem mit sämtlichen Amtmännern des Kreises Siegen, in Gegenwart unsres Landrats, eine Besprechung über die dem Reichstag vorgelegte unglückselige Novelle hatte, und daß man von allen Seiten mit mir dahin einig ging, daß die Einführung der Novelle zum Unterstützungswohnsitzgesetz für manche unsrer Landgemeinden, in denen Betriebe sich befinden, den Ruin bedeuten würde.

Es wurde, an Hand von vorgebrachten Tatsachen, konstatiert, daß z. B. in den meisten Gemeinden ein ganz enormer Teil der Arbeiter in den Betriebsgemeinden wohl hohen Lohn verdiente, aber darin kaum etwas verzehrte und keine Steuern bezahlte, wohl aber ihre Familien in der Wohnortsgemeinde reichlich mit ihrem verdienten Lohn versorgen könnte. Wie ferner, daß die Betriebsgemeinden oft gar keine Einnahmen von den in ihnen belegenen Gruben und Werken aufzuweisen haben, wogegen die Wohnortsgemeinden die Steuern von dem aus der Betriebsgemeinde erzielten Lohne einziehen und somit den ganzen Nutzen aus den Betrieben ziehen, zumal die Familien in den Wohngemeinden ihren Verdienst auch verzehren. —

Es wurde in der Amtmannskonferenz weiter konstatiert, daß die auswärts wohnenden Arbeiter, namentlich auch die außerhalb der Kreisgrenze wohnen, in der Regel aus ihrer Wohnortsgemeinde das Essen mitbringen, wenn sie nicht von den vorzüglich eingerichteten Menagen und Volksküchen Gebrauch machen wollen.

Sie bezahlen oft nur wenige Pfennige Schlafgeld und gehen Samstags nach Hause, um Montags früh mit gefülltem Kober wieder in der Betriebsgemeinde anzulangen.

Ja, meine Herren! welchen Nutzen hat denn da die Betriebsgemeinde?

Diejenigen Wohnortsgemeinden, welche keine Betriebe aufweisen, haben also von der in der Betriebsgemeinde geleisteten Arbeit nur Nutzen und darf man dann doch nicht die Betriebsgemeinde hierfür bestrafen und ihr somit noch mehr Armenlasten auferlegen wollen, als sie ohnedem schon zu leisten hat.

Noch auf einen Punkt möchte ich zum Schluß meiner Ausführungen aufmerksam zu machen mir gestatten.

Und das ist: auf die Gefahr hinzuweisen, die einzelnen Betriebsgemeinden, welche mit guten Naturalverpflegungsstationen mit Arbeitsnachweis versehen sind, dadurch entstehen kann, daß ein Teil der lieben Wandrer 8 Tage lang bei einem Gärtner oder in einem der Saison angepaßten Betriebe Arbeit sucht und auch findet, was ja — wenigstens bei uns — der Fall vielfach ist.

Viel länger als 8—14 Tage hält ein solcher Wandrer überhaupt kaum bei der Arbeit aus. —

Ein solcher Wandrer gehört aber in der Regel einer Krankenkasse bis dahin nicht an, und können Sie sich die Folgen ausmalen, die sich daraus ergeben können.

Es könnte demnächst sogar der Fall eintreten, daß ein solcher Wandrer, der endlich einmal eine Woche lang gearbeitet hat, sich dann seiner Familie erinnert und, von einem plötzlich erwachten Wohlwollen für seine Familie ergriffen, sogar diese so schöne Gelegenheit benutzt, um nicht allein sich, sondern auch seine Familie — oder als braver Sohn, seine alten Eltern — gesetzmäßig auf Kosten der Betriebsgemeinde, die das Glück hatte, ihm 8 Tage Arbeit zu bieten, eine zeitlang — ja vielleicht 26 Wochen lang — unterhalten zu lassen.

Obgleich ich persönlich sehr für die Errichtung von Naturalverpflegungs= stationen eingetreten bin (im Jahre 1880 bei uns sogar selbst die erste in Westfalen errichtet habe, welcher ich auch heute noch vorstehe), so würde ich, auch wenn ich damit unsern guten Pastor von Bodelschwingh, diesem einzig dastehenden edlen Menschenfreunde wehe tun müßte, dennoch dem bei uns schon ausgesprochenen Gedanken nachgeben und unsre Naturalverpflegungs= station schließen müssen, um einer großen Gefahr für unsern Kreis, der ein Einfalltor aus den Rheinlanden und der Provinz Hessen=Nassau ist, zu entgehen; denn diese Gefahr droht uns, sobald die Novelle Gesetz werden sollte.

Aus dem Vorgetragenem werden Sie nun wohl entnehmen können, daß ich im Namen und Auftrag des Siegerlandes, also der Landgemeinden mit der größten Entschiedenheit gegen die Bestimmungen der Novelle hiermit mich aussprechen muß.

(Bravo!)

Direktor Dr. Lohse=Hamburg: Meine Damen und Herren! Ich möchte Ihre Aufmerksamkeit für einige Augenblicke lediglich auf den § 29 des Entwurfs lenken. Es ist die bei weitem bedenklichste Bestimmung der ganzen Vorlage. Sie wird erheblich mehr als die übrigen Vor= schriften eine anderweitige Verteilung der Armenlasten zuungunsten der Großstädte und industriereichen Bezirke herbeiführen, und zwar eine Ver= teilung, die mit den fundamentalen Grundsätzen des Gesetzes über den Unterstützungswohnsitz in Widerspruch steht. Bisher war für die Ver= teilung der Armenlast unter die verschiedenen Ortsarmenverbände ent= scheidend der Gesichtspunkt des wirtschaftlichen Äquivalents. Die Armen= last sollte im einzelnen Falle ausgeglichen werden durch die von dem In= dividuum dem Armenverbande geleisteten wirtschaftlichen Vorteile. Von solchen kann bei einer erst eben zugezogenen acht Tage in Arbeit befindlichen Persönlichkeit gewiß nicht die Rede sein, selbst wenn sie ihren Aufenthalt am Arbeitsorte nimmt. Bei nahe bevorstehender Unterstützungsbedürftigkeit werden gerade Städte wie Hamburg mit wohlorganisierter Armenpflege auf= gesucht werden. Die Erweiterung des § 29 wird dazu führen, daß die treff=

lichen Einrichtungen der Großstädte auf dem Gebiete der Armenpflege mehr der fluktuierenden als der seßhaften Bevölkerung zu gute kommen.

Weit unmotivierter aber erscheint die Belastung der Arbeitsgemeinde, die nicht gleichzeitig die Aufenthaltsgemeinde ist, mit allen Fällen der Hilfsbedürftigkeit bis zur Dauer von 26 Wochen. Hier kann von einem wirtschaftlichen Äquivalent nicht mehr die Rede sein. In der Wohngemeinde konsumiert der Arbeiter den Lohn, dort zahlt er die Miete und trägt durch Nachfrage nach Wohnungen zur Steigerung der Bodenpreise bei. Dort ist sein wirtschaftlicher Mittelpunkt. Für eine Entlastung der Vorortsgemeinden auf Kosten der Großstädte fehlt genügender Anlaß. Die Vorortsgemeinden haben sich vielmehr vielfach zu blühenden Gemeinwesen mit geregelten, guten Finanzen entwickelt.

Nach den Motiven der neuen Vorlage soll der Armenverband des Arbeitsortes nur bei vorübergehender Notlage eintreten. Nach dem Text des Gesetzes geht seine Verpflichtung sehr viel weiter. Einmal ist er auch dann der für die Dauer von 26 Wochen endgültig verpflichtete Armenverband, wenn von vornherein feststeht, daß die Hilfsbedürftigkeit eine dauernde, 26 Wochen übersteigende ist. Sodann haftet er nicht nur einmal, sondern auch nach Ablauf von 26 Wochen immer wieder neue 26 Wochen, wenn nur eine kurze Unterbrechung eingetreten und der Fall daher als neuer Fall der Hilfsbedürftigkeit zu betrachten ist. Darin liegt ein großer Anreiz für die Wohngemeinde, ihre Armenlast, weit über die Absicht des Gesetzgebers hinaus, auf den Arbeitsort abzuwälzen. Die Wohngemeinde wird nur allzu leicht geneigt sein, tatsächlich dauernde Hilfsbedürftigkeit durch geeignete Maßregeln in mehrere selbständige Fälle vorübergehender Hilfsbedürftigkeit von nicht über 26 Wochen zu zerlegen. **Es müßte daher jedenfalls die Gesamtdauer der Unterstützungspflicht des Arbeitsortes innerhalb eines Zeitraums von zwölf Monaten auf 26 Wochen dieser Zeit beschränkt werden.**

Die Arbeitsgemeinde kann keine genügende Kontrolle über die Einzelfälle ausüben und ist daher fortgesetzt in Gefahr, der Wohngemeinde Kosten in Fällen zu erstatten, die, wenn die Prüfung von vornherein durch die Arbeitsgemeinde hätte vorgenommen werden können, sich als nicht unter § 29 fallend herausgestellt haben würden. Die Folge der vielen Zweifelfälle wird eine erhebliche Vermehrung der Bureauarbeit der Arbeits- und der Wohngemeinde und ein starkes Anwachsen der Prozesse sein, während der jetzige § 29 gerade die Verminderung der Verwaltungsarbeit und der Streitigkeiten bezweckte.

Interessant ist, daß entgegen dem Willen des Gesetzgebers, der nur eine Erweiterung des § 29 beabsichtigt, in vielen Fällen die Bestimmung in der neuen Fassung eine Einschränkung erleidet. Bisher ist es für die Anwendung des § 29 gleichgültig, ob jemand bei Eintritt der Erkrankung bereits aus andern Ursachen vom Armenverbande seines Unterstützungswohnsitzes unterstützt wird. Der Arbeitsort soll in Krankheitsfällen eintreten, der Unterstützungswohnsitz alle andre Hilfe prästieren. Es kommt also für die Verpflichtung des Arbeitsortes nicht in Betracht, ob ein neuer Fall allgemeiner Hilfsbedürftigkeit vorliegt, sondern nur ob die Erkrankung einen neuen Fall darstellt.

Jetzt soll die Ausnahmebestimmung in die Regel verwandelt werden. Der Arbeitsort soll nicht nur in Erkrankungsfällen, sondern bei jeder Hilfsbedürftigkeit endgültig eintreten. Es kann daher nur der allgemeine Begriff der Hilfsbedürftigkeit nach den übrigen Vorschriften des Gesetzes zugrunde gelegt werden. § 29 in der neuen Fassung kann demnach nur dann Platz greifen, wenn während des Arbeitsverhältnisses die Hilfsbedürftigkeit überhaupt zuerst hervorgetreten ist, nicht aber, wenn sie bereits bestanden hat und nur, z. B. durch Erkrankung, an Umfang zunimmt. Dann liegt kein neuer Armenpflegefall vor, sondern nur eine erweiterte Hilfsbedürftigkeit vor, die ebenfalls der Armenverband des Unterstützungswohnsitzes zu tragen hat. Nicht zu lösende Komplikationen werden ferner eintreten, wenn am Arbeitsorte B. ein Fall erweiterter Hilfsbedürftigkeit hervortritt, während nach § 29 der frühere Arbeitsort A. noch unterstützt. Wer hat die Kosten der erweiterten Hilfsbedürftigkeit zu tragen? der Arbeitsort A. oder B. oder der Unterstützungswohnsitz? § 29 verstößt eben so sehr gegen die Grundbegriffe des Unterstützungswohnsitzgesetzes, daß er in vielen Fällen entgegen der Absicht der Motive versagt.

Ein belehrendes Beispiel dafür, welche Wirkungen der neue § 29 haben würde, bietet die Stadt Hamburg. Hamburg steht wohl nicht in dem Rufe, seinen Armen gegenüber allzu fiskalisch zu sein, nimmt es vielmehr mit seiner Pflicht sehr ernst, für sie zu sorgen und die Armenpflege in modernem, sozialem Sinne auszugestalten. Jetzt aber soll der Stadt die Erfüllung ihrer Pflicht dadurch äußerst erschwert werden, daß der Personenkreis, für den Hamburg im Falle der Hilfsbedürftigkeit zu sorgen hat, unermeßlich gesteigert werden soll.

Bei der Volkszählung von 1900 sind zum ersten Male Erhebungen über den Arbeitsort der Bevölkerung in Verbindung mit dem Wohnort vorgenommen worden. Von den in der Stadt Hamburg ihren Beruf ausübenden 318 003 Personen wohnten außerhalb des hamburgischen Staates 22 326 gleich 7%. Zieht man davon die selbständigen Erwerbstätigen ab, die nur 1870 betrugen, so bleiben 20 456. Davon waren verheiratet 11 594. Rechnet man jede Familie zu durchschnittlich vier Personen, so wohnten

$$11\,594 \times 4 \quad . \quad . \quad 46\,376,$$
$$\text{dazu} \quad . \quad . \quad . \quad . \quad \underline{8\,862 \text{ Unverheiratete,}}$$
$$\text{also zusammen} \quad . \quad . \quad 55\,238 \text{ Personen}$$

außerhalb des hamburgischen Staates, die in der Stadt Hamburg in einem Dienst- oder Arbeitsverhältnis standen, also in Zukunft unter § 29 der Vorlage fallen würden. Abzuziehen sind hiervon nur 5084 Personen, oder richtiger einschließlich der Familienmitglieder 12 636, die in Hamburg wohnten, aber außerhalb des hamburgischen Staates in Arbeit standen. Es bleiben sonach 42 602 Personen, zu denen mindestens 20 000 Personen hinzukommen, die auswärts den Unterstützungswohnsitz haben, für die aber Hamburg gleichzeitig Arbeits- und Aufenthaltsort ist, die also ebenfalls im

Sinne des § 29 zu Hamburg gehören werden. Im ganzen wird somit der Kreis der Leute, für die Hamburg künftig zu sorgen hat, um etwa 65000 Personen wachsen, und dabei gehören diese 65000 Personen nicht etwa zum Teil der bemittelteren, sondern alle der einfachsten, der Armenpflege am leichtesten bedürftigen Bevölkerung an, so daß also die Zahl 65000 viel stärker wiegt, als wenn die Bevölkerung Hamburgs um 65000 Köpfe wachsen würde.

In welchem Umfange allein der Ortsarmenverband Altona zuungunsten Hamburgs durch den neuen § 29 entlastet wird, zeigt die Tatsache, daß 1900 zur Zeit der Volkszählung ein Viertel der gesamten erwerbstätigen Bevölkerung Altonas seinem Gewerbe in Hamburg nachging. Darunter sind nur ganz wenig selbständige Gewerbtreibenden. Hamburg würde also in Zukunft für ein Viertel der Altonaer Bevölkerung, und zwar für den der Armenpflege am leichtesten anheimfallenden Teil im Falle nicht dauernder Hilfsbedürftigkeit eintreten müssen. Dabei hat nach den Berechnungen von Silbergleit die Armenlast 1900/01 in Hamburg 7,54 Mk., in Altona nur 2,75 Mk. pro Kopf der Bevölkerung betragen. Die enorme Steigerung der Armenlast Hamburgs zugunsten Altonas, das gewiß nicht als arme Vorortsgemeinde angesehen werden kann, wird niemand als gerecht empfinden.

Aus allen diesen Gründen muß die Ablehnung des § 29 dringend gefordert werden. Für den Fall aber, daß der § 29 nicht völlig abgelehnt wird, möchte ich zum Schlusse wenigstens eine Einschränkung **auf die Arbeitsgemeinden, die gleichzeitig Aufenthaltsgemeinden sind**, warm befürworten. Dadurch würden unter Beseitigung der schwerwiegendsten Bedenken gegen § 29 die Landgemeinden erheblich entlastet werden.

(Bravo!)

Geheimer Oberregierungsrat v. Massow-Potsdam: Meine Damen und Herren! Sie müssen es mir nicht übelnehmen, wenn ich eine von derjenigen der Herren Vorredner abweichende Meinung ausspreche. Vielleicht ist das eine ganz gute Abwechslung. Wenn alle Ansichten übereinstimmten, wären unsere Versammlungen kaum notwendig. Ein Verein hat gerade die Aufgabe, auch aus widersprechenden Ansichten den gemeinsamen Kern herauszuschälen.

Mit dem Herrn Referenten bin ich in den meisten Punkten einverstanden, nicht aber, wenn er sagt: da diese Novelle abgelehnt werden muß, dürfen wir auch die Forderung einer Gesamtreform der Unterstützungswohnsitz- und damit der Armengesetzgebung nicht geltendmachen. Ein solcher Verzicht widerspricht meinem Denken gerade als Mitglied dieses Vereins, und es widerspricht auch dem, was der Herr Referent in seinen meisterhaften gedruckten Darlegungen und heute mündlich sowie die Herren Vorredner ausgeführt haben. Sie alle haben Mißstände und zum Teil sehr erhebliche Mißstände besprochen. Und wäre das anders möglich, nachdem wir seit 1894 oder eigentlich seit 1870 mit demselben Gesetz arbeiten? Wenn Sie bedenken, welche ungeheuren Umwälzungen sich seitdem vollzogen haben, dann wäre es gegen die gesunde Vernunft, wenn man behaupten wollte, daß ein Gesetz, welches 1870 ergangen ist, heute noch auf alle Verhältnisse zuträfe.

Von dieser Behauptung ist ja der Herr Berichterstatter weit entfernt, wenn er aber sagt, das Material ist nicht da, wir wollen es erst sammeln, so widerspreche ich dem auf das Lebhafteste. Zu jedem Gesetz gehört Material, und der Herr Berichterstatter hat ja heute Material in reicher Fülle zusammengetragen. Sollte alles das, was die Novelle verlangt, abgelehnt werden, so müssen dafür die Forderungen, welche der Herr Berichterstatter aufgestellt hat, und noch manche andere verwirklicht werden. Bei einer Gelegenheit, wie sie sich jetzt darbietet, muß gerade unser Verein mit lauter Stimme Reformen fordern. Wer soll es denn sonst tun, wenn er schweigt? Vielfach sind die Mißstände geradezu schreiend, und ich stimme dem ersten Redner, Herrn Ruhland zu: wenn er sagt, sie sind es hauptsächlich deshalb, weil die Organisation der Armenverwaltung einer gänzlichen Umgestaltung bedarf. Eine kleine Gemeinde von vielleicht 50 Seelen steht zu der großen Stadt Berlin etwa in demselben Verhältnis wie der Säugling zum ausgewachsenen Menschen, trotzdem scheert, wie man zu sagen pflegt, das Gesetz beide über einen Kamm.

Aber auch sachlich bedürfen wir einer Reform. Es muß genau präzisiert werden, was Armenpflege ist, und was den einzelnen Organen der Armenpflege auferlegt werden soll. In manchen Dingen muß es allerdings bei dem Bestehenden verbleiben; denn in manchen Teilen unseres deutschen Vaterlandes sind die Entfernungen zwischen den einzelnen Ortschaften häufig viel zu groß, als daß man der mangelhaften Ortsarmenpflege durch die Bildung von Gesamtarmenverbänden zu Hilfe kommen könnte. Darum muß die elementare Armenpflege — ich verstehe darunter die Darreichung des Allernotwendigsten — den Ortsarmenverbänden verbleiben. Bei anderen Dingen, z. B. wenn es sich um operatives Eingreifen in Krankheitsfällen handelt, darf wiederum die Gewährung der Hilfe nicht davon abhängen, ob der Ortsarmenverband bemittelt ist oder nicht. Tritt private oder Vereinshilfe nicht ein, so kann, wie gegenwärtig unsere Verhältnisse liegen, ein armes lungenkrankes Menschenkind unrettbar dem Tode nur deshalb verfallen, weil es einem kleinen unvermögenden Ortsarmenverbande zugehörig ist. Ich meine, das wäre allein Material genug für eine Reform und Beweis genug, wenn ich sage: mit einer Reform noch länger zu warten ist unmöglich.

Dem was über die Verhältnisse zwischen Arbeitsort und Wohnort gesagt ist, kann ich sowohl was die großen Städte und ihre Vororte als auch vielfach das platte Land betrifft, zustimmen. Aber die geschilderten zu erwartenden Übelstände können doch beseitigt werden, wenn man in die Novelle eine Bestimmung hineinsetzt, inhaltlich deren, wenn Wohnort und Arbeitsort nicht zusammenfallen, die Vorschriften der Novelle dem § 29 des Gesetzes betreffend nicht auf den Arbeits-, sondern auf den Wohnort Anwendung zu finden haben. Dann entgehen die großen Städte der Gefahr, die ihnen droht, das platte Land wird aber von Notständen befreit, welche mit einem geradezu unerträglichem Druck auf ihm lasten und zur Emanation der Novelle Veranlassung gegeben haben.

Es ist heute mit Recht mehrfach hervorgehoben worden, die Armen=

unterstützung solle ein Äquivalent sein für das, was der Arme produziert habe, wodurch er also gewissermaßen dem Armenverbande zu Nutzen gewesen sei, und dementsprechend solle man eine Altersgrenze nach oben festsetzen für den Erwerb und Verlust des Unterstützungswohnsitzes. Schön; aber dann frage ich: wo ist bei einem jugendlichen Menschen, der seine wirtschaftliche Selbständigkeit noch nicht erreicht hat und dessen Eltern verstorben oder unbemittelt sind, dieses Äquivalent vorhanden? Und wenn es nicht vorhanden ist, wie kommt der Gesetzgeber dazu, die Unterstützung eines Jugendlichen überhaupt einem Armenverband aufzuerlegen. Meiner Ansicht nach ist es der Staat, der zunächst das Interesse an der Ernährung und Erziehung vermögensloser jugendlicher Elemente hat. Ich hebe nur hervor, wie wichtig es für ihn ist, daß er möglichst viele gesunde Rekruten bekommt. Dazu gehört nicht nur, daß die Kinder männlichen Geschlechts körperlich und geistig richtig aufgezogen werden, sondern auch, daß wir die Mädchen so groß ziehen, daß sie dereinst gesunde Mütter sein können. Der Staat verlangt, daß jeder sein Leben und seine Gesundheit für ihn in die Schanze schlägt. Demgegenüber steht seine Fürsorgepflicht. Wie ganz anders würde es um unsere Waisen= und Armenkinder bestellt sein, wenn ihre Erziehung unabhängig würde von den Geldmitteln und vielfach auch von dem guten Willen, vor allem aber von dem Verständnis der Armenverbände. Wer des öfteren die Armenhäuser unserer kleinen Ortsarmenverbände ja auch Bezirksarmenhäuser besucht hat und weiß, wie furchtbar es mitunter, vom Standpunkt hygienischer Pädagogik aus betrachtet, in denselben aussieht, wird mir recht geben.

Gestern im Zentralausschuß bin ich in der Minderheit geblieben; ich will deshalb heute keinen Antrag stellen. Aber meine Meinung muß ich Ihnen wenigstens verlautbaren, und ich habe noch einen speziellen Grund dazu, den mein Freund, Pastor v. Bodelschwingh, mit dem ich seit zwanzig Jahren zusammen arbeite, noch näher entwickeln wird. Wenn die Novelle fällt, wie Sie es als Wunsch aussprechen wollen, dann können wir auch in bezug auf die Wanderarmenfrage keine Verbesserung erreichen.

Zu einer Reform der Armengesetzgebung gehört notwendigerweise eine Reorganisation der Landarmenverbände. In 17 von den 25 in Betracht kommenden deutschen Staaten ist der Staat selbst Landarmenverband; in Preußen ist es der Regel nach die Provinz, in Württemberg sind es die Regierungsbezirke, in Baden und Hessen die Kreise, in Meiningen und Waldeck noch kleinere Gebilde. Fast überall aber üben die Landarmenverbände einen bedeutenden Teil der ihnen obliegenden Unterstützungspflicht nicht selbst aus, sondern übertragen sie auf Grund landesgesetzlicher Ermächtigung an Ortsarmenverbände, allerdings gegen Entschädigung, aber nicht immer so, daß sie danach fragen, ob auch diesen Ortsarmenverbänden Verwaltungsorgane, welche zu einer rationellen Armenpflege befähigt sind, zur Verfügung stehen. Eine rationelle Reorganisation unsres Armenwesens wird unterscheiden müssen zwischen unmittelbaren geringeren Aufgaben, welchen jeder Ortsarmenverband ohne Rücksicht auf Größe und Leistungsfähigkeit gerecht werden kann und muß, also Gewährung von Wohnung, Nahrung Kleidung und Krankenpflege einfachster Art; zwischen mittleren Aufgaben, wie beispielsweise Unterbringung in Krankenhäuser, Gewährung der Mittel zu Badekuren, welche mittleren Verbänden, etwa von der Größe preußischer Kreise, auferlegt werden müssen, und Aufgaben größeren Umfanges, wie dauernde Unterbringung in Anstalten, denen nur Verbände von der Größe einer preußischen Provinz oder eines Regierungsbezirks bezw. im Gebiet eines kleineren deutschen Staates, dieser selbst gerecht werden können. Hat aber eine solche Reorganisation stattgefunden, dann darf es nicht mehr von der freundlichen Bereitwilligkeit des kleineren, mittleren oder größeren Verbandes abhängen, ob er das, was eine rationelle Armenpflege verlangt, gewähren will oder nicht.

Von dem Standpunkte, den Herr Ruland mit Recht geltend gemacht hat, daß wir nicht nur Rücksicht auf die Armenverbände walten lassen, sondern den Hilfsbedürftigen in Betracht ziehen, bedarf auch einer Reform der gegenwärtig auf Grund der Gesetzgebung bestehende Zustand, demzufolge ein Hilfsbedürftiger, der keinen Unterstützungswohnsitz besitzt und dem Landarmenverbande zur Last fällt, in dessen Bezirk er sich zufällig aufhält, wenn die Hilfsbedürftigkeit eintritt, diesem Landarmenverband auch dann, wenn sie zu einer dauernden wird und unter Umständen zeitlebens zugehörig bleibt. Das ist, weil meist ein Spiel des Zufalls, ein Unrecht sowohl gegenüber dem Landarmenverband wie auch unter Umständen gegenüber dem Hilfsbedürftigen, der auf diese Weise von seiner Heimat, seinen Verwandten und Freunden gänzlich abgetrennt wird. Hier müßte nach Ablauf einer bestimmten Frist die Unterstützungspflicht demjenigen Landarmenverbande zufallen, in dessen Bereich der Hilfsbedürftige den größten Teil seines Lebens zugebracht hat. Unter Umständen z. B. bei analog gleichen Verhältnissen könnte man ihm auch ein Wahlrecht einräumen.

Weil die Reorganisation der Armenverbände die Vorbedingung einer gesunden Armenpflege in Stadt und Land, und weil die Abgrenzung der Armenverbände und ihrer Aufgaben durch das Unterstützungswohnsitzgesetz festgelegt ist, deshalb bedürfen wir einer Reform dieses Gesetzes, und deshalb darf es unser Verein nicht aussprechen, daß er eine Gesamtreform ablehnt, vor allem nicht aus dem Grunde, weil wir kein genügendes Material hätten. Material haben wir schon mehr als zuviel und wenn wir warten wollen, bis alles Material vollständig ist, können wir bis in die Ewigkeit warten, denn vollständig wird dies Material nie werden, da jeder Tag Veränderungen bringt und neue Rätsel stellt. Wir dürfen aber auch nicht warten, weil durch dieses Warten diejenigen, für welche wir in diesem Verein sorgen wollen, mehr leiden würden als wir verantworten können.

Meine Damen und Herren! Ich danke Ihnen schön, daß Sie mich geduldig und ohne zu murren angehört haben.

Vorsitzender: Es wird jetzt eine Pause von einer Stunde eintreten, wie die geehrten Herrschaften aus der Tagesordnung ersehen. Ich bitte, um zwei Uhr pünktlich wieder die Plätze einzunehmen.

(Geschieht.)

Pastor v. Bodelschwingh-Berlin: Zwei Worte haben heute meinem Herzen Freude gebracht. —

Das erste ist das Wort unsres Herrn Oberbürgermeisters, der die Hoffnung aussprach, daß der heutige Tag ein entscheidender Siegestag für unsre ärmsten Brüder sein würde, deren sich unser Verein in besondrer Weise annimmt — ich bin nämlich seit kurzem Mitglied geworden, darf also sagen: unser Verein. Wir sind ja Freunde gerade der untersten, ärmsten, hilfsbedürftigsten Schichten unsres Volkes, der physisch, moralisch und wirtschaftlich hilfsbedürftigsten. Und diesen soll dieser Tag gelten. —

Das zweite Wort, das mir so sehr gefallen hat und das wiederholt ausgesprochen wurde, ist dieses: wir sind hier nicht zusammen, um zu fragen, wie laden wir Lasten von uns ab, wie schieben wir sie am besten auf die Schultern andrer. — Ich würde vielmehr fragen: wer hat die größte Freude, wer nimmt freiwillig den größeren Teil der Last auf sich? Es ist doch eine wunderschöne Last, armen versinkenden Mitmenschen zu helfen. Es handelt sich in der Tat, liebe Freunde, heute nicht um Gold und Silber. Es handelt sich um einen viel höheren Preis, es handelt sich um Menschen. Ein Mensch ist so viel wert als die ganze Welt. Ein armer Bruder von der Landstraße ist mir mehr wert als ein Königreich, wenn ich ihn um diesen Preis herausholen kann aus dem Elend.

Allein ich bin in Sorge, ob wirklich dieser Tag ein Siegestag werden und Freude bringen wird für die Elendesten unsres Volkes. Ich bin ein klein wenig enttäuscht, lieber Herr Dr. Münsterberg, über das freundliche Wort und den freundlichen Blick, den Sie mir zuwarfen. Ich hoffte, es wird Größeres darauf folgen.

Der heutige Tag ist ja zur Beratung für zwei verschiedene Gesetzes-vorlagen bestimmt, die an den Reichstag gelangt sind. Die erste verstehe ich nicht, will darum über sie auch nicht urteilen. Es ist wirklich dunkel vor meinen Augen und ich habe nicht begriffen, daß unser Reichstag und seine Ratgeber nach 35 Jahren in bezug auf diesen so sehr reparatur-bedürftigen § 28 nicht mehr zutage gefördert hat als diese Vorlage.

Dagegen wollte ich ihm heute ein fröhliches Lob spenden. Als die uns heute zuerst beschäftigende Gesetzesvorlage ans Licht kam, schrieb mir ein treuer Freund unsrer Wanderarmen, der langjährige Ehrenpräses unsres Verbandes für deutsche Wanderarbeitsstätten, der frühere Minister des Innern Graf Eulenburg: jetzt ist es Zeit, jetzt in die Bresche hinein, jetzt endlich dürfen wir etwas tun in der großen Sache der Verbesserung des Unter-stützungswohnsitzgesetzes! Da bin ich gleich zu ihm gereist und wir haben mit ihm und andern Freunden Rat gepflogen, was zu tun ist. Das Resultat ist folgende Gesetzesvorlage. Ach, lieber Freund von Münster (zu Landesrat Schmedding gewendet), Sie können mal diesen Gesetzentwurf vorlesen, es dauert nur eine Minute; ich habe meine Brille nicht bei mir, verzeihen Sie mir, ich bin ein armer, vergeßlicher Mensch.

(Heiterkeit.)

Landesrat Schmedding=Münster verliest folgenden Gesetzentwurf:

„Zur Erstattung der Kosten, welche durch Unterstützung solcher hilfsbedürftigen Norddeutschen entstehen, die außerhalb ihres Wohn=

ortes Arbeit suchen (Wanderarme), ist auch, wenn sie einen Unterstützungswohnsitz haben, zunächst der in § 30 Abs. 1 b bezeichnete Landarmenverband verpflichtet, seinerseits die endgültige Erstattung von dem Ortsarmenverbande des Unterstützungswohnsitzes zu fordern.

Die Landarmenverbände sind befugt, mit Genehmigung der Landeszentralbehörden Vorschriften darüber zu erlassen, unter welchen Bedingungen und in welcher Weise die von ihnen gemäß Abs. 1 zu erstattenden Unterstützungen seitens der Ortsarmenverbände zu gewähren sind, oder auch die Unterstützung selbst zu übernehmen.

Durch die Landesgesetzgebung kann die Unterstützung der in Abs. 1 genannten Personen ganz oder teilweise auch andern öffentlichrechtlichen Verbänden übertragen werden."

Einige Worte zur Erklärung dieser Vorlage.

Wir haben heute mehrfach gehört: den Kleinen, den Kleinen müssen die Lasten abgenommen, müssen von den engen auf breitere Schultern geladen werden. Das ist ja nun bereits geschehen in mancherlei Weise. Wir laden ja die Lasten für die armen Epileptischen, Blödsinnigen, Blinden, Tauben, Geisteskranken immer schon auf größere Verbände ab. Vielleicht kann noch mehr geschehen, aber an keinem Punkte wäre es so nötig, wie an diesem Punkte, der Fürsorge für die Wanderarmen.

Das Gesetz von 1870, § 28 ist ja gut gemeint gewesen; es klingt wunderschön, daß an jedem einzelnen Orte Deutschlands jeder einzelne kleine Ortsarmenverband, der auch nur eine halbe Stunde von dem andern gelegen ist, jedem fremden Pilger, der durch seine Fluren wandert, zum Ortsvorsteher kommt und sagt: ich friere, ich habe keine Stiefel, keinen Rock, kein Hemd, ich habe Hunger, ich habe kein Nachtlager und keine Arbeit, hilf mir —, daß dann der Ortsvorsteher ihm helfen muß. So steht es im Gesetz geschrieben: Wenn er es nicht tut, kann er beim Bundesamt verklagt werden und muß Strafe leiden. Wenn jemals etwas Grausames von einem Gesetzgeber erdacht worden ist, so ist es dieses Gesetz und daß man dies in 35 Jahren nicht begriffen hat, verstehe ich nicht. Dieses Gesetz hat ungezählte Vagabunden gezüchtet, aber auch ungezählte unschuldige Menschen an den Schandpfahl gebracht, ja grausam verurteilt. Ich weiß, was ich sage; der verhängnisvolle Fehler dieses Gesetzes ist der, daß der landfremde Wanderer mit den Ortsarmen in einen Topf geworfen ist. Jeder Ortsvorsteher sagt sich: was ich für den ansässigen Ortsarmen zu tun habe, das kann zur Not die eigene Gemeinde leisten, was ich aber für jeden durchziehenden Fremdling tun soll, kann sie nicht leisten; dem kann ich höchstens ein Almosen hinwerfen, das ihn doch vor dem Betteln nicht schützt. — Selbst die großen Städte wissen sich nicht zu helfen. Ich weiß sehr gut noch die Zeit, lieber Herr Stadtrat Rath, als ich in Sachen der Wanderarmen durch Dortmund wanderte — es sind 25 Jahre her. Da kriegte jeder fremde Wanderer auf dem Rathause 20 Pf; den Rest für Kost und Nachtquartier mußte er betteln! So haben es alle Städte gemacht und machen es im ganzen noch so und jede Stadt anders, immer gibt man gerade so viel, daß der Arme nebenher doch betteln muß.

Und dann schickt der Bürgermeister die Polizei hinter dem Mann her und läßt ihn verhaften, obwohl er ihm mit seiner nicht ausreichenden Gabe selbst die Anweisung zum Betteln gegeben hatte. —

Allerdings gibt das Gesetz jedem kleinen Ortsarmenverband das Recht, sich seine Auslagen bei dem betreffenden Landarmenverband wiederholen zu dürfen. Aber gerade diese Bestimmung macht das Gesetz so grausam. Da soll jeder kleine Ortsarmenvorsteher sich hinsetzen und schreiben: 10 Pf. für Nachtquartier, 1 Groschen für ein Mittagsbrot, 5 Pf. für ein Frühstück usw. und nun den schuldigen Verband suchen, der ihm diese Rechnung ersetzt. So viel ich weiß, hat es nie ein einziger auch nur versucht. Sollte er anfangen, einem jeden durchziehenden Wanderer geben, was das Gesetz vorschreibt, ohne ihm auch die leiseste gesetzliche Handhabe zu reichen, ob er einen redlich Arbeit Suchenden oder einen Landstreicher vor sich hat — was würde geschehen? Den andern Tag würden 10 kommen, den dritten 20, den vierten 30. Man müßte in jedem kleinen Orte eine große Baracke aufschlagen, um die zu beherbergen, und während der arme Bürgermeister nach den Schuldigen sucht, die ihm die Rechnung bezahlen sollen, sind die Gäste, die ihn großenteils belogen haben, auf und davon.

Berlin hat zweifellos im Versuch, dem Gesetz gerecht zu werden und ausnahmslos allen hilfsbedürftigen Fremdlingen zu helfen, die größten Opfer gebracht. Es besitzt zwei mächtige Asyle, über 4000 Fremdlinge finden Lagerstatt darin, aber ist es wirklich barmherzig, daß Berlin seine Tore so weit auftut? Gewiß, die sogenante Wiesenburg, von einem freien Asylverein ins Leben gerufen, ist in gewisser Hinsicht eine Musteranstalt und eine Blüte edler Humanität. Man findet dort 700 gute Lagerstätten auf Drahtgeflecht mit Decken, man bekommt Bohnenkaffee, gutes Abendbrot, ein feines Bad, humane Verpflegung und sieht niemals einen Polizeibeamten. Das ist sicher gut gemeint und doch gibt es vielleicht keine Stätte im Vaterlande, die so grausam ist wie diese. Von allen Seiten her, von Metz bis Memel ist bekannt, wie man hier so sicher schlafen kann, aber man weiß nicht, daß man jede Nacht mit Hunderten von Verbrechern zusammenliegt, die dir sagen: bleibe hier, ich will dich lehren, wie man hier ohne Arbeit vergnügt leben, aber auch betteln, stehlen und rauben kann. Und nicht viel besser ist es im städtischen Asyl, das zwischen 3= und 4000 Lagerstätten bietet, und in das sich ganz besonders die armen Trunkenbolde flüchten. Die weitherzigste Barmherzigkeit ist keine Barmherzigkeit mehr. Da man allen helfen will, kann man niemandem recht helfen.

Ebenso ist es mit § 28 des Gesetzes des Unterstützungswohnsitzes. Es tut seine Tore viel zu weit auf und weil es allen ohne Unterschied, ohne die nötige Scheidung helfen will, wird es grausam. Weil es zu viel fordert, wird es unausführbar und weil es unausführbar ist, wird es täglich übertreten. Wehe dem mittellosen Wanderer, der sich vor dem betreffenden Vertreter des Gesetzes auf das Gesetz beruft! Da heißt es gleich: was, du Lump willst dich aufs Gesetz berufen? heraus hier! heraus hier! Herr Stadtrat (zu Herrn Stadtrat Rath gewendet), ich habe soeben Ihren letzten Brief abgedruckt, in dem Sie mir von den drei Wanderern schrieben, die sich an einem benachbarten Orte an die betreffende Polizeibehörde wenden, da schreit sie der betreffende Beamte an: wenn ihr euch nicht sofort aus dem Zimmer hinausschert, schlage ich euch mit dem Säbel den Hirnschädel ein. —

Also das ist die Folge gewesen: weil das Gesetz unausführbar war, vollständig unausführbar, so sind die Wanderarmen erstens der Regel nach vor die Tür geworfen worden überall im ganzen Deutschen Reiche und haben zweitens die schreckliche Berechtigung bekommen zu betteln, und sind dadurch hineingetrieben in das Vagabundentum. Dieses Gesetz hat sicher mehr als 100000 Vagabunden im Deutschen Reich gezüchtet, weil sie zum Betteln gezwungen wurden. Unser liebes deutsches Vaterland ist in diesem Stück keine Mutter gegen die Armen, sondern eine Rabenmutter gewesen. —

Lieber Freund von Elsaß-Lothringen (zu Justizrat Ruland gewendet), Sie haben wirklich keinen barmherzigen Wunsch ausgesprochen, als Sie die Wanderarmen alle zum Teufel wünschten. O nein, ich wünsche sie alle in den Himmel, schon darum, weil viele unter ihnen unsäglich und ganz unschuldig gelitten haben. Bitte gehen Sie doch einmal eines Morgens vor die Palme, das städtische Asyl. Da kommen dann die Karren angefahren. Sie sind in meinen Augen schlimmer als die Henkerskarren, die einst die Staatsgefangenen in Paris zur Guillotine fuhren. Da werden diejenigen Asylisten abgeholt und vor den Richter geführt, die zum sechsten Male in drei Monaten wiedergekommen sind und weil noch immer arbeitslos, noch einmal um ein Obdach gebeten und verdächtig sind, daß sie gebettelt haben.

Und was soll ein solch armer Richter machen? Er kann nicht anders, er muß einen armen Menschen, der des Bettelns überführt ist, verurteilen. Gewiß, das ist eine sehr schwere Sache. Der Richter kann nicht wissen, ob der Mann aus Not oder aus Elend und Hunger gebettelt hat, aber er muß ihn richten. — Sind keine Richter hier anwesend? Ich bitte, doch einmal den Finger aufzuheben: sagt einmal, ihr lieben Richter, warum habt ihr denn dem Justizminister nicht längst einmal die Fenster eingeworfen?*)

Ach bitte lachen Sie mich nicht aus! Die Sache ist unaussprechlich ernst. Bei der jetzigen Lage kann kein Mensch wissen, ob ein armer Mensch aus Not oder aus Faulenzerei gebettelt. Das Deutsche Reich verlangt ja keinerlei Zeugnisse und das ist auch grausam. — Daher ist es möglich, daß in einem Jahr — das Justizministerium hat mir selbst die Zahlen angegeben, 17500 arme Menschen von euch Richtern — ach! ihr müßt — mehr verurteilt sind, da Arbeitslosigkeit herrschte, als in einem andern Jahre, in denen reichlich Arbeit vorhanden war. Immer ganz genau, je nachdem der Arbeitsmarkt schwankt, werden weniger oder mehr Menschen ins Gefängnis geworfen. — 16000 arme Landstraßenleute sind im Jahre 1882 mehr zur Korrektionshaft verurteilt, als einige später, da fröhliche Arbeit ins Land gekommen war. — Und dies wiederum auch nur darum, weil kein Gesetz vorhanden war, das Arbeitswillige von den Arbeitsscheuen schied und sie vor der Schmach des Bettelns schützte. — Viele

---

*) Dies „Fenstereinwerfen" ist natürlich geistlich gemeint. Ein anwesender älterer Justizbeamter sagte mir nachher vertraulich, daß ihm das Vorführen armer Bettler — öfter 40 zugleich — solche Gewissensnöte bereitet habe, daß er gewünscht, sein Richteramt ganz niederzulegen.

Richter möchten es gern recht milde machen und verurteilen stets nur zu einem Tag Gefängnis; aber ach! der eine Tag, er entscheidet oft fürs ganze Leben. Der arme Mann ist nun einmal gebrandmarkt und ist nun gleichgültig geworden gegen die Strafe; die empfundene Ungerechtigkeit verbittert ihn und stumpft sein Gewissen ab. Nun wird er allmählich ein absichtlicher, ein mutwilliger Bettler, ein richtiger Vagabund, der nicht mehr Mut und Willen hat, sich aus dem Elend aufzuraffen. Darum ist diese erste Gefängnisstrafe in vielen Fällen schon der Anfang einer grausamen langsamen Todesstrafe.

Ich habe unsrer Kaiserin zu ihrer Silbernen Hochzeit die Bitte vorgetragen, sie möchte sich und ihrem hohen Gemahl die große Freude bereiten, und den Kaiser um Gnade anrufen für ungezählte unschuldige Menschen, die aus Not und Hunger wegen Bettelns zum Gefängnis verurteilt, vielleicht nur für einen Tag, und doch für alle Zeiten das Brandmal in ihren Akten stehen haben, das sie nicht fröhlich werden läßt. — Eigentlich hätten andere gebrandmarkt werden müssen, nämlich diejenigen, welche gegen das Gesetz einen Unschuldigen zum Betteln gezwungen hätten.

Aber freilich ach! Der unglückliche Bürgermeister oder Armenvorsteher kann, wie wir gesehen, sich auch nicht helfen. Denn wenn er jeden vorüberziehenden Wanderer so reichlich unterstützt, daß in allen Fällen das Betteln ausgeschlossen ist, dann schafft er wiederum erst recht Bettler und Faulenzer. Ganz Deutschland würde ein breiter Sumpf von Tagedieben werden.

Darum war es nicht mehr als billig und recht, daß wir nun seit 15 Jahren immer lauter, immer flehentlicher unsere Gesetzgebung angerufen haben: „Schafft uns endlich ein Gesetz, was klar und bestimmt die Ortsarmen von den Wanderarmen, den Fleißigen von dem Tagedieb scheidet!"

Und nun endlich scheint ein heller Sonnenstrahl in die lange Nacht der Wanderarmen hineinzufallen. Es sind kaum 3 Wochen her, daß Graf Eulenburg, der Urheber des vor 11 Jahren im Abgeordnetenhause gescheiterten Gesetzentwurfs zur Heilung des Wanderarmenelends mit einigen Freunden den oben verlesenen Gesetzentwurf in seinen Grundzügen verfaßt hat, und derselbe einem privaten Kreise von Mitgliedern beider Häuser vorgelegt wurde. Da ergab sich das schöne Resultat, daß alle Parteien sich einigten, den Entwurf vor den Reichstag zu bringen. Der Reichstag aber, dem man so wenig zugetraut, hat munter zugegriffen und sofort einer Kommission von 21 Mitgliedern das überaus wichtige Gesetz zur Vorberatung vorgelegt. So sollte es immer sein, wo es Barmherzigkeit gegen arme Mitmenschen gilt, da müssen alle Parteiunterschiede und alle konfessionellen Scheidewände fallen!

Nach dem Gesetzentwurf soll ja nun eben das geschehen, was so lange und so heiß ersehnt ist. Allen einzelnen Gemeinden soll die Last von den Schultern genommen und dieselbe größeren Verbänden, den Landarmenverbänden Deutschlands, übertragen, und diesen nun auch mit Hilfe ihrer Zentralbehörden die Möglichkeit gegeben werden, den örtlichen Verhältnissen entsprechend, einheitliche, gesunde Ordnungen zu schaffen, welche alle Arbeitswilligen vor jeder Not sicher stellen. O, welche Erleichterung, welche Befreiung von schweren Gewissensnöten würde der Reichstag mit der Annahme dieses Gesetzes nicht nur den Wanderarmen, sondern der ganzen Bevölkerung erweisen!

Und nun noch eins. Ich bin hier soeben in dem anstoßenden großen Sitzungssaal der Stadtverordneten gewesen. In diesem Saal soll binnen kurzem eine wichtige Abstimmung stattfinden. (Sind hier vielleicht Stadt= verordnete gegenwärtig?) Ich frage darum, weil ich dieselben sehr herz= lich bitten möchte ebenso wie den Reichstag, eine barmherzige Tat zu tun. Der Magistrat von Berlin hat, soviel ich erfahre, einen überaus edlen Be= schluß gefaßt und derselbe soll in diesem Saal über ein kleines bestätigt werden. O möchten alle Oberbürgermeister und Bürgermeister Deutschlands und alle Magistrate dem Vorgang Berlins nachfolgen! Ich kann Ihnen sagen, daß, als mir die Nachricht von dem zuging, was der Magistrat be= schlossen, ich die Nacht vor Freuden nicht habe schlafen können. Der Ber= liner Magistrat hat beschlossen, für seine Arbeitslosen und Obdachlosen ein schönes, großes Arbeitsfeld aufzuschließen. Er will dem Verein Hoffnungs= thal seinen großen Wald hinter Bernau auf 18 Jahre unentgeltlich über= geben; derselbe soll durch die Arbeitslosen der Hauptstadt allmählich in einen großen Obstgarten verwandelt werden. Das ist wahrlich eine edle Tat, aller Nachahmung wert! Er hat auch noch mehr getan. Er will uns zunächst für die ersten 150 Obdachlosen der Stadt, die freiwillig sind hinauszuziehen und die da bitten: Gebt uns Arbeit, auch den nötigen Zuschuß bewilligen, hoffentlich so lange, bis wir die großen Ernten von unseren Obstgärten er= halten können. —

O möchten die Stadtverordneten nur ihr Ja und Amen zu diesem edlen Beschluß nicht versagen. —

Welch große Veränderung, wenn nun die Stadt Berlin über ein kleines allen ihren Obdachlosen am Morgen sagen kann, nicht mehr: „Nun bettelt euch euer Mittagbrot!" Nein, sondern: „Verdient es euch, hier habt ihr Arbeit, gesunde, fröhliche Arbeit, und solche Arbeit, die keinem andern Arbeiter sein Brot nimmt."

Mehr verlange ich von Ihnen allen nicht, lieber Herr Bürgermeister. Wir fordern kein Recht auf Arbeit, keinen Zwang zur Arbeit, aber Angebot der Arbeit aus Barmherzigkeit. Man kann einem Menschen nicht helfen, der nicht arbeiten will; einem Menschen, der sich nicht helfen lassen will, kann auch unser Herrgott nicht helfen. Aber Deutschland ist groß und reich genug, daß jeder arme Mensch, der sich nach Arbeit sehnt, niemals den Bettelpfennig zu nehmen braucht.

Wir haben 33 Bürgermeister in Westfalen in den größeren Städten, die sind alle in diesen schönen Liebesbund eingetreten. Sie haben alle die Bitte unsres Oberpräsidenten und Landeshauptmanns erhört: „Stoßen Sie mir doch keinen obdachlos Verpflegten mehr auf die Straße hinaus, ohne ihm Arbeit anzubieten!" — Nur ein einziger Bürgermeister ist taub ge= blieben, zwingt seine Obdachlosen zum Betteln, läßt den Gendarm ihnen nachlaufen und sie verhaften. Wer muß da eigentlich ins Gefängnis hinein? —

Eine andre edle Tat ist geschehen. Nicht allein die Stadt Berlin hat uns ihren Wald eingeräumt, sondern die Königliche Forstverwaltung hat uns hochherzig im Norden, im Süden und im Westen große Wälder angewiesen, in denen wir für alle Arbeitslose und Obdachlose der Hauptstadt für mehr als 100 Jahre ausreichende Arbeit haben. Es gibt überhaupt keinen Ort in ganz Deutschland, wo es nötig wäre, Arbeitswilligen diese Wohltat des Arbeitsangebots zu versagen. Unser früherer Landeshauptmann — er ist jetzt Unterstaatssekretär im Ministerium der öffentlichen Arbeiten — hat vor zwei Jahren öffentlich gesagt: Jeder westfälischen Stadt, die mir ihre Arbeitslosen und Obdachlosen mit Steinklopfen beschäftigen will, kaufe ich ihre ganze Ernte an Steinen zum vollen Preise ab. — Jetzt nach zwei Jahren ist noch keiner Stadt ein einziger Kubikmeter Steine abgekauft worden, sie haben sie alle selbst gebraucht. Rund 26000 Obdachlose sind im vergangenen Jahre in unsern westfälischen Asylen eine Nacht beherbergt worden; nur 50 haben sich von der angebotenen Arbeit gedrückt, alle andern haben gearbeitet. Alle Bielefelder Obdachlose, zirka 3500, haben in unsern Anstalten Steine geklopft. Keiner hat sich darüber beschwert und alle haben reichlich ihr Mittagbrot verdient. Man muß nicht denken, Steineklopfen wäre eine zu schwere Arbeit und es wäre ungerecht, wenn man dies ordentlichen Menschen zumutete. Ich kann versichern, es ist eine schöne, edle Arbeit. Man lernt's leicht, den zweiten Tag kann man's schon zur Not; wenn Sie es nur mal probieren wollten!

(Heiterkeit.)

Was Westfalen kann, können alle andern auch; jeder unter Ihnen, meine Herren, kann das auch; Westfalen hat Ihnen ein Vorbild gegeben, Sie brauchen nicht einmal ein Gesetz dazu. — Und wirklich, es ist so erstaunlich billig, einen armen Menschen rechtzeitig zu retten und so schrecklich teuer, ihn durch Versagung der erbetenen Arbeit allmählich von Gefängnis zu Gefängnis zu stoßen, bis er im Korrektionshause endet. Die halbierte Barmherzigkeit der Asyle: Obdach ohne Arbeitsangebot, ist eine grausame und teure Barmherzigkeit. —

Lieber, tapferer Verein, ich bitte dich herzlich, erbarme dich über deine Obdachlosen. Ich will gern allen Mitgliedern eine Anweisung zuschicken, wie die Sache anzugreifen ist. Jede große Stadt kann auf der Stelle anfangen und es beweisen, daß es ihr ernst ist mit der Barmherzigkeit. Freilich müssen wir ein Gesetz haben, das zu einheitlicher Hilfe führt, das z. B. die müden abgerissenen Wanderer sich nicht auf den Landstraßen hinschleppen läßt, wo man ihnen die Branntweinpfennige so willig reicht, sondern sie auf die Eisenbahn setzt. — Unser tapferer Minister Budde hat ja erlaubt, daß wir jeden unbemittelten Arbeitslosen vom fernen Westen bis zum fernsten Osten schicken auf bloße Anweisung von uns, anstatt ihn sich wochenlang von Station zu Station schleppen zu lassen. Was kann der Staat dadurch an Geld sparen! Ich habe bewiesen, daß auf diesem Wege durchschnittlich in jeder Provinz 18000 Mark für den Staat gespart werden können, die sonst dem Branntwein zufließen. — Diese 18000 Mark, dem Minister des Innern zu Prämien überwiesen für gemeinsame Ordnungen, können unsern preußischen Staat von der ganzen Vagabundenplage retten, und alle redlichen Wanderarmen von der Schmach des Bettelns. —

Ich bitte, lieben Freunde, seid nicht böse, daß ich so herzlich bitte

Erbarmt euch eurer und meiner Brüder auf der Landstraße! Wenn Sie nach Hoffnungsthal gehen und sehen, wie dieselben Menschen, die mit der tiefsten Verachtung beladen sind, so gern arbeiten von morgens bis abends! Nicht ein einziger geht nach vier Wochen wieder zurück in das alte Elend, obwohl sie alle jeden Tag gehen können.

Also, lieber Freund (zu Justizrat Ruland gewandt), wünschen Sie die Wanderarmen nicht zum Teufel!

(Justizrat Ruland-Colmar i. E.: Ich wünsche sie in den Himmel, nur Petrus nimmt sie nicht an.)

— Jawohl, Petrus nimmt sie an, so gut wie mich und Sie!

Liebes Deutschland, bleibe nicht länger eine harte Stiefmutter gegen deine armen, unschuldigen Arbeitslosen, sondern werde ihnen eine gute, treue, wirkliche Mutter, indem du dies Gesetz, das unser lieber Graf Eulenburg in den Grundzügen verfaßt hat, mit Freuden begrüßest und Ja dazu sagst. Wenn das Gesetz durchgeht, ist dieser Tag ein schöner, großer Siegestag für unser schönes, großes deutsches Vaterland. Das gebe Gott!

(Anhaltender, großer Beifall.)

Stadtrat Dr. Flesch-Frankfurt a. M.: Verehrte Damen und Herren! Eben hat der einzige Mann im Saal gesprochen, der hier nur Verehrer und Bewunderer hat, auch dann, wenn sie mit seinen Ansichten nicht überall einverstanden sind. Auch ich gehöre zu denjenigen, die ihn in dem, was er getan hat, verehren und bewundern, wie man wenig Menschen verehrt, und verzichte deswegen zunächst darauf, mich hier über die Punkte zu äußern, in denen ich, wie namentlich in der Asylfrage, andrer Ansicht bin als er. Aber es bedarf dessen auch nicht; das, was er gesagt hat, reiht sich vollständig ein in die Diskussion, die angeregt ist durch das Referat des Kollegen Münsterberg. Der Kollege Münsterberg hat in umfassender Weise alle Gesichtspunkte geltend gemacht, zu denen der Entwurf Anlaß gibt; was Herr Pastor v. Bodelschwingh gesagt hat, unterstreicht gewissermaßen nur die Nr. IV, 2, wo es heißt:

§ 28 des U. W. G. versagt vollständig für die Versorgung der nicht seßhaften, wandernden Bevölkerung. Es ist eine gesetzliche Regelung durch Schaffung von Zweckverbänden zu fordern, die die Fürsorge durch Herstellung von Einrichtungen übernehmen, in denen Naturalverpflegung gegen Leistung von Arbeit auf Grund von Wanderordnungen geboten wird.

Auch uns allen, die wir heute in der Diskussion das Wort ergreifen, bleibt nach dem umfassenden und schönen Referat nichts übrig, als auch unsrerseits einzelne Worte zu unterstreichen, auf einzelne Punkte aufmerksam zu machen. Wenn sich dabei ergibt, daß alle Punkte, die hier berührt sind, in der Versammlung im ganzen nur Anhänger finden, wenn vielleicht über einige auch noch Meinungsdifferenzen im einzelnen bestehen, dann wird daraus die Notwendigkeit erhellen, die Resolution anzunehmen, die Herr Stadtrat Münsterberg zuletzt verlesen hat, und die dahin geht, daß wir, weil wir in allen wesentlichen Punkten mit diesen Thesen einverstanden sind, nicht wünschen können, daß das Gesetz, wie es vorgelegt ist, Gesetz wird. Das ist der Punkt, in dem wir alle einig sein müssen.

Ich wollte hauptsächlich unterstreichen noch den Punkt, den Herr Dr. Münsterberg in seiner These III, 2, berührt hat, wo es heißt, daß das Gesetz, namentlich die Heraufsetzung der Frist, eine Erschwerung der Ausübung der Privatwohltätigkeit ist.

Die Herabsetzung der Frist zum Erwerb und Verlust des U. W. führt sowohl zu einer stark einseitigen Belastung der Städte und der industriellen Bezirke als auch zu einer Erschwerung der Ausübung der Privatwohltätigkeit.

Meine Damen und Herren! Ich bin ziemlich lange in der Armenpflege. Es war eine Zeit, wo ich glaubte, die öffentliche Armenpflege allein könne es machen. Ich bin immer mehr davon zurückgekommen, und heute haben Sie gehört, daß Hamburg, welches uns noch im Herbst in Mannheim erzählt hat, daß es durch Ausdehnung der öffentlichen Armenpflege alles, Kinderfürsorge, Lungenheilstätten usw., machen könne, gesagt hat: wenn der Entwurf Gesetz wird, kommen wir nicht mehr durch. Ja, wenn selbst Hamburg fürchtet, daß die öffentliche Armenpflege nicht mehr genügen könne, wenn der Entwurf Gesetz wird, dann ist es um so notwendiger, daß die öffentliche Armenpflege, solange sie nicht verdrängt werden kann von der sozialen Gesetzgebung — und das ist der Wunsch, den wir in erster Linie haben müssen —, wenigstens ergänzt wird durch die Privatwohltätigkeit, und wir im Verein für öffentliche Armenpflege und Privatwohltätigkeit haben die Verpflichtung, darauf aufmerksam zu machen, wie unheilbar diese notwendige Ergänzung der öffentlichen Armenpflege gefährdet wird, wenn der Entwurf so, wie er vorgelegt war, Gesetz wird.

Wie verhalten sich denn die beiden — öffentliche Armenpflege und Privatwohltätigkeit — zusammen? Ich will vorausschicken: in dieser Beziehung habe ich mich mit meinem Landsmann, Kollegen Klumker, geeinigt; ich will die Sache kurz beleuchten vom Standpunkt der privaten Wohltätigkeit aus. Daraus wird sich mit Notwendigkeit ergeben, daß der Wunsch, den die Anstalten der Privatwohltätigkeit in der draußen aufliegenden Petition geäußert haben, daß der Entwurf nicht, so wie er vorliegt, Gesetz werde, für die jetzige Einwirkung der Privatwohltätigkeit auf die öffentliche Armenpflege zunächst gerechtfertigt ist.

Ich will ein Beispiel geben, das ich selbst auf dem Bundestage für Heimatswesen mit angehört habe. Es hat sich darum gehandelt, welcher Ort der Unterstützungswohnsitz sei für eine Tagelöhnerin mit vier unehelichen Kindern? Es ist entschieden worden: der Ort B muß es sein, denn da war sie zwei Jahre ununterstützt; das warme Mittagessen, das ihr die Frau Landrat gegeben hat, nach der Entbindung vom letzten Kinde, als der Bürgermeister ihr nichts geben wollte, war keine öffentliche Unterstützung; also hat sie jetzt den Unterstützungswohnsitz in dem Orte. Also hat jetzt der kleine Ort dauernd für die Frau mit ihren vier unehelichen Kindern zu haften, weil die Frau Landrat ihr vier Wochen lang Mittagbrot gegeben hat! Es scheint beinahe undenkbar, daß die Privatwohltätigkeit in dieser Art schädigend wirken soll, in dieser Art eine Gefahr für alle Steuerzahler des Ortes werden kann. Es fällt mir das schöne Goethesche Wort ein: wo ich aufhöre, sittlich zu sein, habe ich die Gewalt verloren. Das Gesetz schafft den Antrieb, daß wir aufhören, sittlich zu sein, d. h., daß wir das Beste, was wir z. 3. haben, daß wir die Privatwohltätigkeit einschränken müssen aus Furcht, daß wir damit einen armen Ort in der größten Weise belasten. Mit das Schönste, was geschehen kann, ist, wenn ein junger Mensch, der es zu einer Existenz gebracht hat, sich seiner Eltern annimmt. Wenn er das in der Weise tut, daß er sie zu sich in die Stadt kommen läßt und sie aufnimmt, so haben sie nach zwei Jahren den Unterstützungswohnsitz dort erlangt, und die Stadt muß sie im Falle der Bedürftigkeit unterstützen; sie hat also das natürliche Interesse, jene Handlung der Kindesliebe und Pietät zu hindern oder zu erschweren. Denn man muß nicht denken, daß der Anzug immer nach Frankfurt oder Hamburg erfolgt; er kann auch nach einem kleinen Ort, in ein Dorf geschehen, und nach zwei Jahren muß der Ort dafür haften.

Die großen Städte können solchen Anzug nicht hindern; aber der kleine Ort kann es und muß es beinahe. Es ist natürlich, daß er versucht, die Wohnung zu versagen, wenn solcher Zuzug erfolgt! Und weiter: es ist oft beklagt worden, wie niedrig die Invalidenrenten wären; und darauf ist dann von den Verteidigern des Gesetzes erwidert worden: wir wollen auch garnicht, daß die Invalidenrente in den großen Städten verzehrt wird, die Leute sollen sie auf dem Lande verzehren; wo sie hergekommen sind, dahin sollen sie zurück; sie können prächtig damit leben, wenn sie auf das Land zurückgehen. Folgt aber ein alter Arbeiter dieser Mahnung und zieht in sein Heimatdorf zurück, so sagt der Bürgermeister: Hollah! kleine Rente, vielleicht 300 Mark, vielleicht 400 Mark, wenn ihm was passiert, nach zwei Jahren haben wir ihn! Daß dann der Mann nicht freundlich aufgenommen wird, daß ihm womöglich keine Wohnung vermietet, jedes Entgegenkommen versagt wird, versteht sich von selbst. So war es bisher mit der Frist von zwei Jahren; was denken Sie, wird entstehen, wenn die Frist auf ein Jahr herabgesetzt wird? wenn jeder Bürgermeister sich sagt: wenn der Mann sich ein Jahr hier durchgeholfen hat, hat er den Unterstützungswohnsitz, habe ich ihn dauernd, muß ich ihn fortwährend bezahlen!

Denken Sie, was Sie damit schaffen für die Wechselbeziehungen zwischen Stadt und Land! Die reichen Leute wohnen meistens in der Stadt, sie üben ihre Wohltätigkeit meist in der Stadt; naturgemäß verursacht das ein Andringen nach der Stadt. Aber sie können sie wenigstens auch auf das flache Land hinaus üben. Wir in der Großstadt geben uns immer die größte Mühe, jeden reichen Mann, der zu uns kommt, um eine Stiftung zu machen, dahin zu bringen, daß er die Stiftung nicht lediglich für Bedürfnisse unsers Weichbildes errichte, sondern daß auch Leute, die draußen sind, mal unterstützt werden können. Wenn der Entwurf zum Gesetz gemacht wird, ist aber die Gefahr, die schon jetzt leider besteht, noch verschlimmert; der reiche Mann, der seinem Diener, der nach seiner Entlassung mit seinen Bargroschen und seiner Rente auf das Land gezogen ist, ober der irgend einem Manne, der vom Lande aus an ihn schreibt, 50 Mark schickt, schädigt jenen Ort mehr, als wenn er ein Haus abbrennt! denn durch seine Wohltätigkeit kann der Mann eine dauernde Belastung des betreffenden Ortes werden! also geradezu eine Gefahr für die Ausübung der Wohltätigkeit, für die Ausübung der Kindespflicht, daß die Kinder sich der Eltern annehmen; es ist eine Gefahr für den Austausch zwischen Stadt und Land, wenn dieser Entwurf Gesetz wird.

Wenn Herr von Massow vorher gesagt hat, wir sollten uns nicht gegen den ganzen Gesetzentwurf erklären, es wäre auch manches Gute darin, so stimme ich ihm vollkommen bei. Aber wenn ich das Ganze zu übersehen habe, so muß ich sagen: wenn die bisherige Unbilligkeit, die bisherige Verhinderung und Erschwerung der Privatwohltätigkeit, die schon in dem jetzigen Gesetz ist, noch gesteigert werden soll, dann ist besser, wenn garnichts geschieht; dann ist es besser, wir lassen es, wie es jetzt ist und verderben uns nicht die Freude an dem, was zur Zeit an den Punkten helfen kann, wo die soziale Gesetzgebung Lücken läßt. Das Notwendigste in der Ausübung der sozialen Liebestätigkeit, in der Betätigung des sozialen Geistes ist, die Gesetzgebung auf die Wege zu weisen, die sie mit der Fortführung der sozialen Versicherungen zu gehen hat, und die insbesondere nach der Witwen= und Waisenversorgung später hinführen werden.

Ich wollte darauf aufmerksam gemacht haben, daß durchaus notwendig die hier vorgeschlagenen Bestimmungen eingefügt werden müssen, um jene Gefahren zu hindern, also die Bestimmungen, daß der Unterstützungswohnsitz nicht erworben und verloren werden kann, wenn jemand im erwerbsunfähigen Alter den Wohnort wechselt — da zieht er gewöhnlich zu Kindern oder sonstigen Verwandten —, oder daß das, was gegeben wird aus Liebestätigkeit, aus Stiftungen, aus kirchlicher Wohltätigkeit usw., nicht verwandt werden kann derart, daß dadurch der Unterstützungswohnsitz an einem Orte erworben oder verloren wird. Das sind rein technische Änderungsvorschläge; aber sie berühren sich mit der Entwicklung der Armenpflege: Wenn die Durchführung der gesetzlichen Armenpflege ein Fortschritt war gegen die Zeit, in welcher die Hilfsbedürftigen der gutwilligen Privatwohltätigkeit überlassen wurden, so müssen wir jetzt über die gesetzliche Armenpflege hinaus, durch die soziale Hilfstätigkeit, zur sozialen Gesetzgebung angeregt werden. Was geschieht, um die soziale Hilfstätigkeit zu erschweren, erschwert also den ganzen Gang unsrer Entwicklung und ist deshalb geradezu gemeingefährlich; deshalb hoffe ich, daß der kurze Antrag, den Kollege Münsterberg zuletzt gestellt hat, einmütig angenommen und dadurch festgestellt wird: einen Entwurf, der all diese Gefahren und Fußangeln für die Entwicklung unsrer sozialen Gesetzgebung in sich birgt, den wollen wir nicht.

(Beifall.)

Rechtsrat Fleischmann (Nürnberg): Sie werden vielleicht fragen, meine hochverehrten Anwesenden: was will uns denn hier ein Bayer sagen, was will er uns denn in eine Sache hineinreden, die ihn eigentlich garnicht berührt? Die Frage kann gestellt werden: allein ich darf vielleicht um Verzeihung bitten, wenn ich als

Mitglied des Vereins Interesse für eine Sache bekunde, welche außer Bayern fast das ganze Deutsche Reich angeht. Außerdem ist es Ihnen vielleicht nicht ganz unbekannt, daß schon ab und zu ein norddeutsches Gesetz in Bayern, wenn ich so sagen darf, etwas abgefärbt hat. Und am Ende darf ich Sie daran erinnern, was Sie vielleicht gelesen haben werden, daß die gegenwärtig in unserm Landtag ausschlaggebende Partei zu Beginn der gegenwärtigen Tagung hat durchblicken lassen, daß sie sich für eine Durchsicht unsers Heimat- und Armenrechtes interessiere. Bei dieser Sachlage glaube ich eine gewisse mittelbare Gefahr für uns nicht in Abrede stellen zu dürfen; denn wenn heute im Reichstage bei Abänderung des Gesetzes über den Unterstützungswohnsitz Grundsätze aufgestellt werden, welche wir hier als verfehlt bezeichnen und so bezeichnen müssen, so könnte unter Umständen bei uns zu Hause eine Revision sagen: was der Reichstag für gut und richtig befunden hat für das übrige deutsche Gebiet, das wird wohl auch für Bayern das Richtige sein. Insbesondere liegt es nahe, zu befürchten, daß man dann glaubt, sich der Mehrbelastung der großen Städte anschließen zu müssen in dem Gefühle, als ob die vorliegende Gesetzesnovelle agrarischer Natur sei, wie man sich ausdrückt. Ich sage aber im Gegenteil: das Gesetz ist antiagrarisch, denn es wird die Landflucht befördern und den Gegensatz zwischen Stadt und Land nur noch mehr verschärfen, es wird die einen belasten und den andern nicht helfen.

Was den Gegensatz zwischen Stadt und Land anbelangt, so kann ich Ihnen sagen, daß wir schon bald an der Spitze angekommen sind. Es ist ganz merkwürdig, wie sich vielfach in den amtlichen Korrespondenzen eine Gereiztheit zeigt, eine Gehässigkeit in manchen Fällen und eine Verbitterung, die man früher weniger kannte. Die 1896er bayrische Gesetzesnovelle hat zu dieser Erscheinung vielleicht nicht wenig beigetragen; denn sie hat angefangen, die Gemeinden gegeneinander auszuspielen, und ich schreibe diesem Gesetz an dem nicht genug zu beklagenden Zwiespalt eine nicht unerhebliche Schuld zu.

Den Kleinen wird, wie ich sage, nicht geholfen; sie sind verbittert und werden verbittert bleiben, wenn anders am Prinzip des Gesetzes, sowohl des Heimatgesetzes wie des über den Unterstützungswohnsitz, festgehalten wird. Denn es werden sich Fälle nicht vermeiden lassen, daß eine kleine Gemeinde — wie mir erst in den letzten Wochen ein Fall unter die Hand kam —, auf einmal für zwei Arme einen Betrag von 1920 M. schuldig geworden ist. Wir haben Stundung über Stundung gewähren müssen, und der Erfolg ist jetzt der, daß uns mitgeteilt wird, es sei der Gemeinde die Aufnahme eines Anlehns von 2000 M. bewilligt worden, aus dem die Schuld bezahlt werden kann; aus laufenden Mitteln ist es nicht möglich. Da ist es begreiflich, daß eine Verbitterung entsteht, und ich kann diese der Gemeinde nicht übel nehmen.

Möglich sind solche Verhältnisse aber nur deswegen, weil ein Grundfehler den beiden genannten Gesetzen anhaftet, und dieser Grundfehler ist der, daß beide Gesetze wahllos schablonisieren; sie machen keinen Unterschied hinsichtlich der Leistungsfähigkeit der Gemeinden und nehmen auch keine genügende Rücksicht auf die öffentlichen Interessen, welche Unterstützungen als notwendig erscheinen lassen. Solange diese Grundfehler nicht verschwinden, muß ich es ablehnen, den Leitsätzen uneingeschränkt zuzustimmen, weil dies falsch aufgefaßt werden könnte. Ich habe besonders mit Rücksicht darauf mich zum Worte gemeldet, um zu erklären, daß ich selbstverständlich nur einem in unserm Sinne verbesserten Unterstützungswohnsitzgesetze, welches geeignet ist, vielleicht einmal allgemeines Reichsrecht zu werden, zustimmen kann.

Man wird mir in Bayern vielleicht entgegenhalten, daß ich übersehe, wie doch in unserm Gesetze schon für einen Ausgleich gesorgt ist. Es ist richtig, wir haben eine Bestimmung, nach welcher Distrikte und Kreise den mit Armenlasten überbürdeten Gemeinden Zuschüsse gewähren müssen; allein die Klage war von Anfang an die, daß diese Zuschüsse viel zu gering sind und weitaus nicht ausreichen, um den wirklichen Bedarf zu decken. Auch ist der Begriff einer mit Armenlasten überbürdeten Gemeinde viel zu eng gefaßt; denn dieser Zustand herrscht nach dem Gesetze erst dann, wenn ein erheblicher Teil der Gemeindeglieder durch die Armenlasten in seiner Existenz bedroht ist. Das geht natürlich zu weit; in manchen Fällen wird es sehr schwer sein, den erforderlichen Beweis zu führen, um die Beihilfe zu erreichen.

Wie es aber gehen kann bei Zubilligung von Zuschüssen an überlastete Gemeinden, ist recht lehrreich. Wir haben bei Durchsicht eines Münchener Haushaltsvoranschlages gesehen, daß eine stattliche Summe — ich meine, es waren vier Nullen hinter einer nicht unbedeutenden Zahl — vom Kreise Oberbayern der Stadt München zugeschossen wird. Das setzte voraus, daß die Stadt München als eine mit Armenlasten überbürdete anerkannt ist; d. h., daß ein erheblicher Teil der Münchener Bevölkerung durch die Armenlast in seiner Existenz bedroht erschien. Wir zweifelten etwas an der Richtigkeit der Sache, sagten uns aber dann: Warum nicht? Das machen wir auch! Aber es gelang uns nicht, trotzdem die Bevölkerung von München und Nürnberg ungefähr im Verhältnis von 2:1 steht, und die Armenlasten in demselben Verhältnis. Zu solchen Erscheinungen können also die Dinge führen.

Das ist eine Seite, bezüglich deren ich Ihre Aufmerksamkeit etwas in Anspruch nehmen wollte.

Ich könnte noch manche Parallelen anführen, welche uns Anlaß geben, mit Rücksicht auf die Zukunft dem Gesetzentwurf zu widersprechen; ich will mich aber auf ein paar beschränken. Es handelt sich um die Rückforderung von Unterstützungen. Hier haben wir zwar gesetzliche Bestimmungen, sie sind aber schwer durchführbar; das Verfahren ist schwerfällig, überall ist der Rechtsweg vorbehalten. Diese Bestimmungen wären unbedingt so zu verbessern, wie es hier für den Unterstützungswohnsitz verlangt wurde. Am ärgsten liegen die Dinge hinsichtlich der Personen, welche ihre Nährpflicht versäumen. Wir haben hier auch eine gesetzliche Bestimmung, die uns ein abgekürztes Verwaltungsverfahren gibt, in welchem wir nicht nur für vergangene Unterstützungen, sondern auch für zukünftige mit Zwang vorgehen können. Aber, wer es weiß, wie ein solches Verfahren durchgeführt werden kann, und die Erfolge kennt, der sagt sich, daß recht wenig zu erreichen ist.

Die Hilfsmittel der Armenpflege sind viel zu beschränkt, wir brauchen hier strengere Zwangsmittel. Die Empörung, von der Herr Kollege Münsterberg gesprochen hat, herrscht auch bei uns in vielen Fällen, wo wir ohnmächtig solchen gegenüberstehen, die es versäumen, für ihre Familie zu sorgen. Unsere Bestimmungen sind zivilrechtlich und strafrechtlich unzulänglich. Ich glaube, daß ich mit dieser Auffassung auch in Bayern nicht allein stehe. Es kann keine gründlichere Besserung geben, solange die Versäumnis der Nährpflicht als harmlose Übertretung, also als die geringste Verletzung des Gesetzes, die unser Strafrecht kennt, angesehen wird. Es ist — das werden wir wohl sagen — ein Verbrechen an Menschheit und Familie, das der sich zu schulden kommen läßt, der aus Leichtsinn oder aus Bosheit seine Familie zu unterstützen unterläßt; es ist ein ehrloser Mensch, der dieses tut, und ihm gebühren entehrende Strafen. Dieser Mann gehört in ein Haus, wo er unter äußerem Zwange angehalten wird zu arbeiten und für seine Familie zu verdienen, und ihm gehört die Freiheit insolange entzogen, als ihm nicht zum Bewußtsein gebracht ist, was er an seiner Familie verschuldet hat.

Mit der demnach gemachten Einschränkung stimme ich den Leitsätzen zu. Möge es mir nicht verübelt werden, wenn ich, obwohl nicht unmittelbar beteiligt, als Bayer im Interesse der Verhütung eines schlechten Beispiels gegen diesen, auch unsrer Auffassung nach verfehlten Gesetzentwurf, meine Stimme erhoben habe.

(Beifall.)

Stadtrat Hoffmann (Rixdorf): Meine sehr verehrten Damen und Herren, gestatten Sie mir einige kurze Bemerkungen zu dem Entwurf! Auf zwei Punkte hauptsächlich möchte ich Ihre Aufmerksamkeit lenken: es ist einmal die Abkürzung der Frist zum Erwerb und Verlust des Unterstützungswohnsitzes, zweitens die Regelung, die § 29 des Unterstützungswohnsitzgesetzes erfahren soll.

Was den ersten Punkt anbetrifft, so soll die Abkürzung der Frist nach den Motiven deswegen eingeführt werden, um die Landgemeinden, aus denen eine starke Abwanderung stattfindet, zu entlasten. Ob diese Wirkung eintreten wird, ist mir sehr fraglich. Jedenfalls wird gleichzeitig eine andere Wirkung erzielt, die meiner Meinung nach der Gesetzgeber nicht beabsichtigen kann, nämlich eine Entlastung der Landarmenverbände, der leistungsfähigen Träger der öffentlichen Armenpflege. Dies dürfte einem Zweifel nicht unterliegen; denn die Voraussetzungen zum Erwerb und Verlust des Unterstützungswohnsitzes werden erleichtert. Die Frist, während deren der Landarmenverband aufkommen soll, wird kürzer, und infolgedessen werden ihm weniger Personen als bisher zur Last fallen. Ich habe dies in Rixdorf statistisch festzustellen versucht, und bin zu dem Resultat gekommen, daß durch die beabsichtigte Abkürzung der Erwerbsfrist 20 % der Fälle dem Landarmenverband abgenommen werden. In der Verteilung der Armenlasten wird also eine Verschiebung zugunsten der Landarmenverbände und zuungunsten der Ortsarmenverbände erfolgen. Dies würde weniger bedenklich sein, wenn durch die Neuregelung zwischen den Ortsarmenverbänden ein Ausgleich in der Weise herbeigeführt würde, daß ein Teil der Armen=

lasten von leistungsschwachen Schultern auf leistungsstarke gelegt würde. Dies ist jedoch nicht der Fall, denn die Leute aus den ländlichen Bezirken des Ostens ziehen nicht nur nach wohlhabenden großen Städten, sondern auch nach kleinen armen Dörfern des Westens. Um eine Entlastung der Landarmenverbände zu verhüten, müssen Gegenmaßregeln getroffen werden, man wird daran denken müssen, bei den durch Krankenhauspflege entstehenden Kosten eine quotenweise Beteiligung der Landarmenverbände herbeizuführen.

Hinsichtlich § 29 des Entwurfs stehe ich auf einem anderen Standpunkt als die Herren Vorredner, die zu ihm Stellung genommen haben. Ich leite die Armenverwaltung der Stadtgemeinde Rixdorf, eines der größten Vororte. Die Bevölkerung dieser Stadt fluktuiert sehr stark; in jedem Jahre ziehen etwa 30 000 zu und 10 000 ab. Der überwiegende Teil der Bevölkerung findet Beschäftigung in Berlin. Nach statistischen Berechnungen sind von der erwerbstätigen männlichen Bevölkerung, die in Rixdorf wohnt, 55 Prozent außerhalb Rixdorfs beschäftigt. Und diese wenig steuerkräftigen Personen und deren Familien bürden der Stadtgemeinde ungeheure Armen- und Schullasten auf. Ich bin der Ansicht, daß hier ein gewisser Ausgleich stattfinden muß. Allerdings halte ich den Ausgleich, wie er durch die Novelle beabsichtigt wird, nicht für ideal. Es müßten, wie von dem Herrn Referenten vorgeschlagen wird, Zweckverbände geschaffen werden. Diese würden nicht bloß für Berlin und seine Vororte, sondern auch für viele anderen Armenverbände segensreich sein. Alle Orte, die sich um einen wirtschaftlichen Mittelpunkt gruppieren und gemeine wirtschaftliche Interessen haben, müßten zu einem Verbande vereinigt werden. Unbeschadet der politischen Selbständigkeit der zum Zweckverbande gehörenden Gemeinden müßte unter ihnen eine Ausgleichung in der Weise stattfinden, daß innerhalb des Zweckverbandes die Mittel für die öffentliche Armenpflege von den einzelnen Orten nach dem Verhältnis ihrer Einkommensteuer ganz oder zum Teil aufzubringen wären und die Verteilung der Mittel auf die einzelnen Orte nach ihrer Bevölkerungszahl zu erfolgen hätte.

Jedenfalls, meine Damen und Herren, erreicht der § 29 für die Vorortgemeinden nicht das, was dringend notwendig ist. Den Vorortgemeinden wird nur ein ganz geringer Teil ihrer Armenlasten abgenommen werden, solange nicht auf dem Gebiete der geschlossenen Armenpflege die Bestimmungen des Unterstützungswohnsitzgesetzes, die von den allgemeinen Verwaltungskosten handeln, eine Abänderung erfahren. Nach dem geltenden Gesetz dürfen allgemeine Verwaltungskosten nicht liquidiert werden. Jeder, der in der öffentlichen Armenpflege steht, weiß, daß gerade bei der Krankenhauspflege die allgemeinen Verwaltungskosten einen sehr erheblichen Teil der Gesamtkosten bilden. In Rixdorf betragen die laufenden Krankenhauskosten, ohne Amortisation und Verzinsung des Anlagekapitals für den einzelnen Verpflegungstag 3,50 Mk., davon kann von auswärtigen Armenverbänden nur 1 Mk. erstattet verlangt werden, während der Restbetrag von 2,50 Mk. als Verwaltungskosten dem vorläufig unterstützenden Armenverbande zur Last fällt. Wenn der Vorschlag des Herrn Berichterstatters auf Bildung von Zweckverbänden keine Aussicht auf gesetzgeberische Verwirklichung haben sollte, so halte ich im Interesse der ärmeren Vororte für dringend notwendig, daß nicht nur der § 29 des Entwurfs zum Gesetze erhoben wird, sondern auch der § 30, Abs. 3 des Unterstützungswohnsitz= gesetzes hinsichtlich der durch die Anstaltspflege entstehenden Verwaltungs= kosten eine Abänderung erfährt.

Dr. Albert Levy (Berlin): Verehrte Anwesende, gestatten Sie mir, in Er= gänzung der Ausführungen des Herrn Stadtrat Flesch noch einiges über den Standpunkt zu sagen, welchen die freie Liebestätigkeit dem vorliegenden Gesetzentwurf gegenüber einnimmt. Es ist eine der erfreulichsten Erscheinungen in der neueren Entwicklung unserer Armenpflege, daß das Miteinander= arbeiten zwischen öffentlicher Armenpflege und freier Liebestätigkeit sich in erheblichster Weise gebessert hat. Ein besseres Einanderverstehen und ein harmonischeres Miteinanderwirken, als es früher gewesen ist, gehört heute zu den Faktoren, die die in der Armenpflege Ar= beitenden ihren Zielen wesentlich näherkommen lassen als früher. Es wird nun aber, wie auch die freie Liebestätigkeit glaubt, durch diesen Gesetzentwurf, falls er Gesetz werden sollte, ein erheblicher Keil in dieses Zusammenarbeiten zwischen öffentlicher Armenpflege und privater Wohltätigkeit hineingetrieben werden. Wenn nämlich auch im ganzen — wie gesagt — das Zusammen= arbeiten ein wesentlich besseres geworden ist, so ist doch ein gewisses Miß= trauen der Organe der öffentlichen Armenpflege gegen die private Armen= pflege noch übrig geblieben. Herr Stadtrat Flesch hat bereits die Fälle kurz angedeutet, in denen die Privatwohltätigkeit in Versuchung geführt wird, dort einzutreten, wo die öffentliche Armenpflege zunächst noch nicht angerufen wird. Wenn nämlich Leute nach der Stadt ziehen, die eine zwingende Veranlassung hierzu nicht hatten, so kann doch sehr oft der Um= stand eintreten, daß die private Wohltätigkeit aus irgendwelchen Gründen, die in der Eigenart des einzelnen Falles liegen können, eintreten möchte. Sie wird das auch tun; aber sie wird sich dann in Zukunft, wenn der Unterstützungswohnsitz noch schneller erworben werden kann als schon heute, wesentlich mehr als heute regelmäßig das Mißtrauen und sogar das Übel= wollen der öffentlichen Armenpflege zuziehen. Das wird sich auch nicht auf den einzelnen Fall beschränken, sondern es wird darüber hinaus wieder eine allgemeine Disharmonie entstehen — eine Disharmonie, wie sie schon früher gewesen ist, aber heute, wie oben ausgeführt, in erheblichem Maße nicht mehr existiert. Aus diesem einfachen Grunde also, weil eben die private Wohltätigkeit ein großes Interesse daran hat, brüderlich mit der öffentlichen Armenpflege zusammenzuarbeiten, möchte sie auch der öffentlichen Armen= pflege keinerlei Grund zu Mißtrauen geben. Sie wird aber in manchen Fällen, wenn sie ihren rein menschlichen Standpunkt vertreten will, gar nicht anders können, als auch dann zu unterstützen, wenn durch diese Unter= stützung der öffentlichen Armenpflege Lasten erwachsen, welche auch die private Armenpflege ihr nicht wünscht.

Von diesem Standpunkt aus also, von dem Standpunkt des Inter= esses, welches die private Liebestätigkeit daran hat, an allen Stellen im engsten und harmonischen Zusammenarbeiten mit der öffentlichen Armen=

pflege ihren Zielen gerecht werden zu können, würde sie es bedauern müssen, wenn dieser Entwurf Gesetz würde.

Aber darüber hinaus ist es auch noch etwas anderes, verehrte Anwesende: Auch die freie Liebestätigkeit lechzt gewissermaßen nach einem Gesetz, welches der Weiterentwicklung der Armenpflege, wie die letzten Zeiten sie gesehen haben, nach jeder Richtung hin gerecht wird; auch sie lechzt nach einem Gesetz, welches sich auf einen etwas höheren sozialen Standpunkt stellt als das vorliegende; auch sie lechzt nach einem Gesetz, welches zwar die mehr oder weniger **verwaltungstechnischen Einzelheiten** des Entwurfes, wie er vorliegt, berücksichtigt, welches aber auch darüber hinaus die **großen und bedeutsamen Probleme** nicht unbeachtet läßt, die in der Armenpflege ebenso wie in den anderen Zweigen sozialer Tätigkeit mehr und mehr herangereift sind. Solche großzügigen Gesichtspunkte läßt der vorliegende Gesetzentwurf ganz und gar vermissen.

Wenn daher auch die freie Liebestätigkeit den Wunsch hat, daß der vorliegende Gesetzentwurf nicht Gesetz werde, so ist es hauptsächlich, weil sie dann die Hoffnung haben darf, daß an seine Stelle in absehbarer Zeit ein besserer, bedeutenderer und bedeutsamerer Entwurf treten wird, welcher dem modernen armenpflegerischen Standpunkte nach jeder Richtung gerecht wird.

Die freie Liebestätigkeit in einigen Städten hat es denn auch für ihre Aufgabe erachtet, auch ihrerseits eine Agitation gegen dieses Gesetz einzuleiten. Die Zentrale für private Fürsorge in Frankfurt a. M., der Verein für Armen= und Krankenpflege in Gießen und die Auskunftsstelle der deutschen Gesellschaft für ethische Kultur hier in Berlin haben sich gemeinsam an eine große Reihe von Organisationen der freien Liebestätigkeit gewendet mit der Bitte, eine Petition, welche dem Reichstag überreicht werden soll, zu unterzeichnen. Eine große Anzahl von Korporationen der freien Liebestätigkeit hat sie bereits unterzeichnet. Es liegt uns daran, die Petition mit so vielen Unterschriften wie möglich versehen zu bekommen, und ich gestatte mir daher, auch an dieser Stelle die Bitte auszusprechen, die Petition zu unterzeichnen, soweit es noch nicht geschehen ist.

Die freie Liebestätigkeit mit der öffentlichen Armenpflege in vollstem Einvernehmen und im engsten Bunde hat den dringenden Wunsch, daß der vorliegende Gesetzentwurf nicht Gesetz werden möge. Sie vereinigt sich mit der öffentlichen Armenpflege in dem Wunsch, daß vielmehr ein anderes Gesetz entstehen möge, welches zwar beide Kategorien in ihrer speziellen Wirksamkeit zu würdigen versteht, welches aber vor allem der ganzen Armenpflege, der öffentlichen wie der freien Liebestätigkeit, einen größeren Nutzen bringt, als er aus einem aus dem vorliegenden Entwurf erwachsenden Gesetze jemals zu erhoffen sein würde.

(Bravo!)

Landesrat Gerhardt=Provinz Brandenburg: Meine verehrten Herrschaften! Der Herr Referent hat in meisterhafter Weise die ganze Materie erschöpfend beleuchtet, so daß Neues eigentlich kaum noch anzuführen ist. In einem Punkte möchte ich ihn aber übertreffen, in seinem altrömischen Heroismus der Entsagung und eine Menge von dem unterschlagen, was ich auf meinem Landarmenverbandherzen habe. So ganz konnten wir es aber doch nicht unterlassen, das Wort zu ergreifen, weil es sonst als Zustimmung aufgefaßt werden könnte zu dem Antrage, den der Herr Referent gestellt hat, und der auch sonst bisher allgemeiner Zustimmung begegnet ist, wobei ich vorausschicken möchte, daß wir mit vielem, was er ausgeführt hat, durchaus einverstanden sind.

Wir teilen aber nicht den Standpunkt der grundsätzlichen Ablehnung des Gesetzentwurfs. Wir sehen in dem Gesetzentwurf eine gute deutsche Arbeit, die auch der weiteren Verdeutschung Elsaß-Lothringens nicht entgegenstehen wird. Wenn er als eine Arbeit vom grünen Tische bezeichnet wurde, so sagen wir: grün ist auch des Lebens goldner Baum, und in diesem Sinne wollen wir ihm die grüne Farbe keineswegs absprechen, sondern hoffen, daß er gute Früchte tragen wird.

Ich möchte alles das unterstreichen, was in der Gesetzesvorlage über die bedauerliche Landflucht gesprochen worden ist, und wie der Herr Referent betont, begegnen diese Ausführungen auch hier allseitigem Einverständnis. Nun frage ich: hat die bisherige Regelung der Armenfürsorge hemmend oder fördernd in diese Landflucht eingegriffen? Ich glaube, Sie alle werden mit mir die Frage verneinen müssen. Deshalb glaube ich auch nicht, daß das neue Gesetz mit der Verkürzung der Frist irgendwie auf die Bewegung der Bevölkerungsmassen Einfluß haben wird.

Ich bin der Meinung, daß eine gesunde Armengesetzgebung zur unerläßlichen Voraussetzung hat einen gewissen tatsächlichen Zusammenhang zwischen dem zu Unterstützenden und dem Verbande, dem die Unterstützung auferlegt wird. Wo dieser Zusammenhang sich verflüchtigt hat, nicht mehr vorhanden ist, ist es eine brutale Ungerechtigkeit einem jeden Armenverband gegenüber — mag er so reich sein wie die Stadt Charlottenburg oder so dürftig wie ein kümmerliches Nest in den entlegenen östlichen Provinzen —, wenn er belastet ist mit der Fürsorge für einen Menschen, der ihn nach dem gesunden Menschenverstand absolut nichts mehr angeht. Diese Fürsorge für Personen zu kleben an den Ort, wo sie sich früher mal zwei Jahre aufgehalten haben, ist nicht gerecht. Wenn wir sagen, nach Jahresfrist wollen wir die früheren Verbindungen als gelöst betrachten, so ist das gegenüber der Fluktuierung von heute keine zu lange Frist.

Meine Herrschaften! Ich gehe sogar noch einen Schritt weiter als die Gesetzesvorlage, indem ich sage: die übertriebene Betonung des Grundsatzes der Familieneinheit, wie er jetzt in der Rechtsprechung zutage getreten ist, ist ungesund und falsch und muß verlassen werden. Ich bitte es nicht mißzuverstehen, als ob ich den Familienzusammenhang selber gelöst wissen wollte; der Begriff der armenrechtlichen Familieneinheit hat mit dem Familienzusammenhang nicht das mindeste gemein. Es wird da künstlich eine gewisse Beziehung festgehalten zwischen den Personen unter sich und zu dem Armenverband, die tatsächlich gar nicht mehr besteht. Denken Sie an den Fall, der uns in der Provinz Brandenburg häufig beschäftigt, daß eine Dienstmagd, weil sich die Verhältnisse in den Großstädten — abgesehen von dem höheren Lohn bei viel angenehmerer, leichterer Arbeit — vergnüglicher als das Einerlei des Landlebens gestalten, in die Großstädte hineingeht. Es dauert nicht lange, bis sie hier Schiffbruch gelitten hat, und für das uneheliche Kind wird der Armenverband in Anspruch genommen, den sie ausgerechnet noch nicht ganz volle zwei Jahre nach vollendetem 18. Lebensjahre, aber in Wirklichkeit vielleicht schon über fünf Jahre verlassen hat. Damit nicht genug; sondern nun dauert die Fürsorgepflicht dieses unglücklichen Armerverbandes die ganze Unmündigkeitszeit dieses Kindes hindurch; er muß für die vollen 14 Lebensjahre des Kindes eintreten. Wenn nun innerhalb dieser 14 Jahre der Mutter selbst etwas passiert, sei es, daß sie schwer krank wird und eine komplizierte Krankenhausbehandlung nötig hat, sei es, daß sie noch einmal ein Kind bekommt, dann hat dieser bedauerliche Armenverband nach 10, 14 Jahren das Vergnügen, für die lange ortsfremde Mutter selber einzutreten und das zweite Kind auch noch zu unterhalten und durch diese unglaublich langwierige Fürsorgepflicht allmählich finanziell zu verbluten. Das ist eine Ungerechtigkeit, die jedem Armenverband gegenüber besteht; Sie mögen die schwachen Verbände durch leistungsfähigere Zweckverbände ersetzen: über diese Ungerechtigkeit kommen Sie nicht hinweg. Sie muß unbedingt beseitigt werden.

Ob das im übrigen zu einer Entlastung des Landarmenverbandes vielleicht führen möchte, wenn Sie dieser einjährigen Verlustfrist eine einjährige Erwerbsfrist gegenüberstellen, das wird unsern Standpunkt nicht im mindesten beeinflussen. Ich bin nicht überzeugt, daß diese Ersparnis — ich weiß nicht, wie die oben gehörte Berechnung zustande gekommen ist — zutreffend ist. Wenn die Landarmenverbände aber auch viel mehr als jetzt zu tragen hätten, so würden sie sich nicht zurückhalten lassen, gegen die eben hervorgehobene Ungerechtigkeit der derzeitigen Armenrechtsvorschriften entschieden Front zu machen. Ich für meine Person würde es überdies nicht für unrichtig halten, wenn man den Zusammenhang, der bestehen muß zwischen der Person des zu Unterstützenden und dem Verbande, der ihn unterstützen soll, ruhig in der bisherigen Weise an einen zweijährigen ununterbrochenen Aufenthalt daselbst knüpft. Ich vermag nicht einzusehen, warum es absolut nötig ist, daß der einjährigen Verlustfrist auch eine gleich lange Erwerbsfrist gegenübersteht. Denn man wird viel schneller fremd als heimisch in einem Ort und die schwerwiegende Art endgültiger Fürsorgepflicht steht jeder Erleichterung ihrer Begründung entgegen. Sie sehen, ein Vertreter eines Landarmenverbandes macht Ihnen diesen Vorschlag, der die Landarmenverbände ja zweifellos mehr belasten würde; wir sind also von vornherein gegen den Verdacht einer provinzial-fiskalischen Behandlung dieser Sache geschützt.

In dem neuen Gesetz muß nach alledem das Fortbestehen eines gewissen tatsächlichen Zusammenhangs zwischen den abwandernden Personen und ihrer Heimat in erhöhtem Maße gefordert werden als es in der bestehenden Gesetzgebung der Fall ist.

Im übrigen ist es durchaus angemessen, wenn man darauf hinaus will, leistungsfähigere Verbände zu schaffen. Da bin ich der Meinung,

daß das ganze Gebiet der geschlossenen Armenpflege am besten den Land=
armenverbänden aufzuerlegen ist, wobei wir Preußen uns nicht wegen der
zu kleinen Ausdehnung außerpreußischer Armenverbände den Kopf zu zer=
brechen haben; unsere sind leistungsfähig genug, um die Verpflichtungen
erfüllen zu können.

Einen Haken hat die Bildung von größeren Verbänden aber doch, und
da kann ich Ihnen aus unserer Erfahrung heraus im allgemeinen nur be=
stätigen, was von der Opulenz auf Kosten andrer gesagt wurde. Die Orts=
armenverbände sind, wenn sie sich auch noch so großer Zurückhaltung für
ihre Ortsarmen befleißigen, nur allzusehr geneigt, außerordentlich liberal zu
sein, sobald es nicht aus ihrer Tasche geht. Ich bitte Sie, einmal die
Berichte durchzulesen, die von den Landarmenrevisoren erstattet werden. Da
wird für einen Entbindungsfall, der nie vorgekommen ist, und für Kinder,
die nie geboren oder längst verstorben sind, gezahlt.

(Hört, hört!)

Da wird ein sogenannter Hilfsbedürftiger unterstützt, der bei einem über=
raschenden Besuch durch den Landarmenrevisor im Besitze von 200 Kanarien=
vögeln, soundso vielen Tauben ist, und einen schwunghaften Handel betreibt
und sich guter Situation erfreut. Die kleinen Gemeindevorsteher sind den
Leuten gegenüber zu schwach, oder trösten sich mit dem Gedanken: wir
haben ja nicht mit unsern Mitteln einzutreten.

Ich bitte, aus diesen unumstößlichen Erfahrungen heraus den Schluß
zu ziehen, daß es Schwierigkeiten hat, das Institut der Zweckverbände zu
groß zu gestalten. Wer in diesen Verbänden als Steuerzahler wohnt, dem
muß es zum Bewußtsein kommen, daß er für die Armenpflege des Verbands
miteinzutreten hat. Wenn dieses Bewußtsein sich verflüchtigt durch Bildung
größerer Verbände, dann kommt eine Unwirtschaftlichkeit in den Armen=
verband hinein, die unmöglich gut geheißen werden kann.

Ich kann vielleicht noch nachholen, daß die Herabsetzung des Armen=
mündigkeitsalters auf 16 Jahre den gegenwärtigen Verhältnissen auch ent=
spricht und keineswegs als ungerecht bezeichnet werden kann; denn tatsächlich
gehen die jungen Leute in dem Alter schon vom Lande weg. Wenn das
Invalidenversicherungsgesetz mit dem 16. Jahre bereits die Klebepflicht ein=
treten läßt, ist es eine Konsequenz dieser reichsgesetzlich schon akzeptierten
Anschauung, daß man mit dem 16. Jahre auch auf dem Armengebiet schon
die Zäsur eintreten läßt.

Stadtsyndikus Götting (Hildesheim): Meine verehrten Damen
und Herren! Im Anfange der Debatte wurde von unserm Reichslande
Elsaß-Lothringen aus die Bemerkung gemacht, daß von den drei Be=
stimmungen des neuen Gesetzentwurfs die am wenigsten bedenkliche die
sei, daß die Frist von 2 auf 1 Jahr herabgesetzt werde. Ich muß
dem aus langjähriger Erfahrung widersprechen. Diese Abkürzung ist
ebenso unerträglich wie die andern Punkte des Gesetzes, zunächst schon aus
dem Grunde der Gerechtigkeit des Verhältnisses von Armenverband zu
Armenverband. Der Herr Berichterstatter hat mit Recht hervorgehoben, daß

der Weg, der vom Reichsgesetz eingeschlagen ist — wir haben doch ein Unterstützungswohnsitzgesetz, das historisch vom Wohnsitze ausgeht, mit dem Verluste durch zweijährige Abwesenheit —, daß wenigstens diese mittlere Gerechtigkeit, wie es dem geltenden Gesetz entspricht, verbleiben muß. Wollte man weitergehen, so käme man auf den entgegengesetzten, vollends unerträglichen Standpunkt, daß der jeweilige Aufenthalt über die endgültige Verpflichtung entscheiden würde, eine Ungerechtigkeit, die auf die Städte schlagen würde, sie außerordentlich schädigen würde. Und dieses ist beinahe so viel, wenn man die Frist auf 1 Jahr verkürzt. Wir haben schon in den Städten ein großes Heer von Belastungen nach dem bisherigen Gesetz. Es ist schon hervorgehoben, daß in den Städten ein Verbergen stattfindet schon jetzt bei den 2 Jahren, während auf dem Dorfe alles öffentlich ist, jeder öffentlich kontrolliert werden kann. Ein fernerer Unterschied ist der, daß in den Städten alles nach dem Gesetz gehandhabt wird durch geschulte Beamte, die Dienstanweisungen haben, die die Abschiebung verbieten, während auf dem Lande ganz gemütlich abgeschoben wird durch die Wohnungsverweigerung und dergleichen. Kommt dieses durch die kurze Frist erleichterte Verbergen noch dazu, so kann ich nicht sagen, daß das der Gerechtigkeit entsprechen würde; es würde die gerechte Mitte, die wir jetzt noch haben, verlassen werden in der Tendenz, daß der jeweilige Aufenthalt entscheidet.

Aber auch, meine Damen und meine Herren, in dem Verhältnis zwischen dem Armen und dem Armenverbande würde das unerträglich sein. Man sagt immer: von Armenverband zu Armenverband! Aber die Armen, die Bedürftigen, wo bleiben die? Die sollen auch ihr Recht haben, aber auch unter die richtige Verwaltung genommen werden. Sie sollen nicht nur Rechte haben und sich den Aufenthalt wählen können, z. B. in der Stadt, wo es vergnüglich ist, sondern wir wollen, wenn unsere Hilfe ihnen angenehm ist, auch eine erzieherische Gewalt in Anspruch nehmen, die sagen kann: euch ist die Landluft viel besser, laßt euch von uns abschieben wieder nach eurem Heimatsort, dem Gesetze entsprechend, laßt uns die Übernahme verlangen dem Heimatverband gegenüber und bei dauernder Hilfsbedürftigkeit der Landarmenanstalt gegenüber. Wenn wir die Rechte nicht mehr haben, sondern den Hilfsbedürftigen alle Rechte einräumen wollen, auch die Wahl des Aufenthalts, so ist von einer geordneten Armenpflege keine Rede mehr. Wir müssen also die Gerechtigkeit dahin walten lassen, daß wir die Frist niemals von 2 auf 1 Jahr, auf die gefährliche kurze Zeit vermindern lassen.

In beiden Fällen, sage ich, verläßt man den Weg der Gerechtigkeit, wenn man die Frist so gefährlich verkürzt.

Überlastet sind ja die ländlichen Armenverbände, und denen muß geholfen werden, und alle Anregung auf eine gründliche Revision der Armenlastenverteilung haben mich sympathisch berührt. Da stimme ich auch der Anregung zu, daß nur die geschlossene Armenpflege auf die Landarmenverbände übergeht, daß dauernd Arbeitsunfähige in Landarmenanstalten untergebracht werden, sonst aber eine andere Verteilung eintritt unter Beibehaltung der Ortsangehörigkeit nach dem jetzigen Gesetze mit den jetzigen Fristen. Auch jetzt schon sind die Städte überlastet mit der offenen Armen=

pflege den Landarmenverbänden gegenüber. Wir stehen uns sehr viel schlechter, als wenn wir die Landarmen, die wir mit Geld unterstützen, ohne Ersatz unterstützen müßten; denn wir müssen nachher nach unsrer Steuerkraft an den Landarmenverband mehr bezahlen, als wir von ihm ersetzt erhalten. Dazu kommt das ungeheure Schreibwerk, die Prozesse, daß man den rechten Landarmenverband herausfindet. Auf diesen Ersatz könnte verzichtet, dagegen eine Neuverteilung der Armenlasten im ganzen Staate herbeigeführt werden. In jeder Beziehung müssen wir den bedenklichen Punkten, namentlich auch der gefährlichen Verkürzung auf 1 Jahr entgegentreten, und ich bitte Sie, daß Sie möglichst einstimmig unsere Resolution zur Ablehnung des jetzigen Gesetzentwurfs annehmen.

Dr. **Klumker** (Frankfurt a. M.): Ich möchte nur vom Standpunkte der Privatwohltätigkeit aus ein paar Worte sagen. Es ist freilich schwer, in einer solchen Diskussion auf vorhergegangene Redner einzugehen, schon weil die ganze Diskussion eine Unmenge von Einzelfragen umfaßt. Auch unter uns, die wir Gegner des Gesetzes sind, sind darin eine ganze Reihe Widersprüche vorhanden; das Gesetz läuft aber in lauter kleine Einzelheiten auseinander.

Das ist aber ein Haupteinwand dagegen. Mit Recht ist betont worden, daß im Gesetz von den Armen und seinen Bedürfnissen gar nicht die Rede sei. Der Entwurf spricht nur von Armenverbänden und ihren Lasten, von den Bedürftigen redet er aber gar nicht. Gegenüber diesem kleinen Flickwerk habe ich mich gefragt: Ist unser deutsches Armenwesen denn so vorzüglich organisiert, daß es keine Fragen mehr gäbe, bei denen das Wohl und Wehe des Armen in Betracht käme? Ist denn alles so wunderschön und großartig, daß wir uns bei der Revision des Gesetzes ausschließlich mit solchen Bagatellen herumschlagen dürfen? Da trat mir ein arger Mißstand vor Augen, mit dem die Privatwohltätigkeit in ihren verschiedensten Formen zu kämpfen hat. Zwar ist gesetzlich in Deutschland festgestellt, daß der Bedürftige Unterstützung bekommt, und daß die Mittel dafür auf öffentlichem Wege aufgebracht werden sollen; aber ein großer Teil von Bedürftigen, die ein Recht auf Unterstützung haben, bekommt diese Unterstützung bei uns in Deutschland nicht. Vor diesem schweren Übel schließt der Gesetzentwurf die Augen.

Herr v. Massow hat Ihnen schon vorgeführt: **die Masse der hilfsbedürftigen Kinder auf dem Lande.** Es gibt keinen Faktor, der die Sterblichkeit der Kinder in Deutschland so stark vergrößerte, wie die schlechte Behandlung, die den hilfsbedürftigen Kindern in den leistungsunfähigen Armenverbänden zu teil wird. Wir haben uns bemüht, in Frankfurt im Haltekinderwesen auch in der Umgegend Besserung zu schaffen und seit Jahren darüber Verhandlungen geführt. Es ist noch nicht lange her, daß ich mit einem Vorkämpfer dieser Bestrebungen dort auf dem Lande verhandelte. Ich habe gesagt: „Sie sind der Erste, der hier gearbeitet hat, Sie müssen uns helfen, weiter zu kommen." Darauf hat er mir gesagt: „Ich habe jahrelang gearbeitet, und alles, was wir angefangen haben,

haben uns die Bürgermeister der kleinen Orte ruiniert. Ich habe vergebens gesucht, Abhilfe gegen diesen Mißstand zu finden. Ich habe niemand gefunden, der mir ernsthaft geholfen hätte. Ich kann meine Arbeitskraft einer so aussichtslosen Sache nicht mehr zuwenden." Die Bürgermeister in den kleinen Städten haben nur das eine Interesse, jedes Kind, das hilfsbedürftig werden könnte, wieder loszuwerden. Alles andere ist ihnen gleichgültig gegenüber dieser finanziellen Frage. Es kommen die unglaublichsten Geschichten tagtäglich vor, durch die selbst das Leben dieser Kinder unter Umständen betroffen wird. Ich habe aus der Fülle von Erfahrungen, die wir in den letzten Jahren gemacht haben, ein paar Fälle im Jahrbuch der Fürsorge kürzlich mitgeteilt. Aus den Worten des Herrn v. Massow haben Sie ersehen, daß das nicht Einzelheiten sind, sondern Dinge, worüber alle Sachkenner gleich unserm Verein einig sind. Schon vor mehr als 10 Jahren haben wir eine Resolution gefaßt, die dringend Änderungen verlangte. Es ist bisher, besonders in dem größten Bundesstaate, Preußen, nichts geschehen. Einem solchen Mißstand gegenüber kommt die Reform des Unterstützungswohnsitzes mit einigen technischen Details, als ob es gar keine ernsten Aufgaben gäbe.

Ich erinnere ferner an das, was Herr Pastor v. Bodelschwingh anführte. Die Wanderarmen haben einen Anspruch auf Unterstützung, allein dieses Recht wird ihnen nirgends gewährt, jedenfalls nicht von den kleinen Ortsverbänden. Da sind große Scharen von Hilfsbedürftigen, die nicht nur aus Vagabunden bestehen, sondern zum großen Teil aus Arbeitswilligen, ohne ihre Schuld Hilfsbedürftigen. Ihnen geben wir eine Unterstützung auf dem Papier und lassen sie in Wirklichkeit ruhig ohne die geringste öffentliche Hilfe. Wieder ein schreiender Mißstand unsres Armenwesens, der seit Jahren öffentlich getadelt, ja gebrandmarkt worden ist von Männern, deren einen besten Sie soeben gehört haben. Der Gesetzentwurf geht an alle dem vorüber; er braucht nur technische Details durcheinander zu rühren, gegen die großen Schäden schließt er die Augen.

Das Gesetz will die kleinen Ortsverbände von den großen Lasten, die sie treffen, befreien. Alle Reformvorschläge, die bisher gegen die Mängel des deutschen Armenwesens erwähnt habe, von denen ich nur die zwei schlimmsten erwähnt habe, die die Privatwohltätigkeit hart treffen, in Betracht kommen, würden jene Lastenverteilung ebenfalls ändern müssen. In diesen Vorschlägen, die von uns seit Jahren sorgsam erwogen wurden, hatte man ein vorzügliches Mittel, sich den Beifall der Sachkenner für einen Entwurf zu sichern, der jenen politischen Zweck, an den die Regierung so einseitig dachte, auf sicheren Wegen erreichte. Was mich an dem Gesetz am meisten erstaunen ließ, ist, daß der Entwurf an diesen Erfahrungen vollständig vorübergeht, nicht einmal sieht, was an Mißständen vorhanden ist. Nebenbei bemerkt, will er dann jene kleinen Schäden, die er nicht einmal in ihrer pflegerischen Bedeutung zu würdigen weiß, durch kleine Mittelchen beseitigen, über deren Wirkung sich heute nur sagen läßt, daß sie gewiß anders sein würden, als die oberflächliche Begründung der Novelle den Anschein erwecken will. Jedenfalls ist es seltsam, daß man an der Heranziehung größerer Verbände, durch die man eine Erleichterung des Landes erreichen könnte, vorübergeht. Ich kann mir das nur dadurch erklären, daß man die sachlichen Verhandlungen gar nicht gekannt hat. Einen schwereren Vorwurf aber für das Gesetz kann es nicht geben.

Meine Herren! Der schwere Konflikt, in den die Privatwohltätigkeit öfters mit der öffentlichen Armenpflege kommt, wird durch diesen Gesetzentwurf auf die Spitze getrieben. Die Leute, die den Unterstützungswohnsitz erschleichen, handeln vielfach aus sehr verständlichen Motiven. Sie sind hilfsbedürftig; draußen in den kleinen Verbänden wird ihnen keine oder jedenfalls keine zweckmäßige, gesetzliche Unterstützung gewährt. Jetzt kommen sie in die Stadt, um für dieses spezielle Bedürfnis, dessen Befriedigung ihnen unsere Gesetze versprechen, Hilfe zu suchen. Jetzt soll ich nicht durch Privatwohltätigkeit helfen, den Unterstützungswohnsitz zu erschleichen; damit belaste ich die Stadt. Gewiß, diese Rücksicht sind wir dem Zusammenarbeiten öffentlicher und privater Organisationen schuldig. Weise ich den Mann an das Armenamt, so wird dies zunächst eintreten. Der endgültig verpflichtete Verband, der schon vorher nichts tat, und den Mann zur Abwanderung veranlaßte, wird ihn wieder in eigene Pflege zu nehmen verlangen, und ihm hernach wie zuvor nichts geben. Will ich also in der einzig richtigen Weise mit der Armenbehörde zusammenwirken, so muß ich dem Armen nicht nur die private Hilfe versagen, sondern ihn auch der öffentlichen Unterstützung berauben. Sie alle kennen die verwickelten Rechts- und Verwaltungsfragen, die diesen Zustand herbeiführen; Sie wissen, ohne weitere Worte, daß die Verhältnisse so liegen. Solange also die Armenpflege der kleineren Verbände nichts taugt, zwingen die Verhältnisse gar oft die private Wohltätigkeit, entweder inhuman oder rücksichtslos gegen die Armenverwaltung ihres Ortes zu handeln.

Ganz unerträglich würde dieser Zustand durch den neuen Entwurf. Er wird rechtlich in der Lastenverteilung zwischen Stadt und Land nicht viel ändern; aber er wird die Abschiebungstechnik der kleinen Verbände zur vollen Blüte bringen: nicht auf gesetzlichem Wege, sondern **auf dem ungesetzlichen Wege der Abschiebung wird das Land entlastet werden können.**

Deshalb möchte ich mich auch gegen den Gedankengang des Herrn Pastors v. Bodelschwingh aussprechen, im Rahmen dieses Gesetzes eine der schwierigen Fragen nebenbei zu erledigen.

Dieser Gesetzentwurf kann für eine große Reform nicht gebraucht werden. Daß sie notwendig ist, ist unser aller Meinung; wie sie auszugestalten ist, läßt sich im Anschluß an dieses Gesetz nicht diskutieren, weil man ein vollständig neues Gesetz von A bis Z machen müßte. Deswegen möchte ich bitten, die Leitsätze anzunehmen und vor allen Dingen den Schlußsatz, den jetzigen Entwurf abzulehnen aus den in den Leitsätzen angeführten Gründen. Das ist der Kernpunkt unserer Verhandlungen. Ablehnung der Novelle à tout prix. Die freiwillige Liebestätigkeit hat ihren Standpunkt in einer besonderen Eingabe an den Reichstag niedergelegt, nicht weil wir von dem Deutschen Verein, dem viele von uns angehören, irgend abweichender Meinung wären, sondern weil wir den vielen Vereinen, die hier nicht vertreten sind, Gelegenheit geben wollten, ihre Ansicht auszusprechen. Etwa

300 Vereine haben sich in diesen paar Wochen der Eingabe angeschlossen. Für uns ist eine grundsätzliche Reform des öffentlichen Armenwesens die Voraussetzung einer gedeihlichen Entwicklung der freiwilligen Liebestätigkeit.

(Bravo!)

Landeshauptmann H i n t z e - Danzig: Nach den ausführlichen Darlegungen meines Freundes, des Herrn Landessyndikus Gerhardt hätte ich in der vorgerückten Stunde auf das Wort verzichten können; denn meine Ausführungen werden sich im wesentlichen mit den seinigen decken. Ich habe aber trotzdem nicht verzichtet, damit auch ein Vertreter des äußersten Ostens zu Worte kommt. Der Herr Berichterstatter kann ja sicher sein, daß sein Antrag mit großer Mehrheit angenommen werden wird, und wird es mir daher nicht übel nehmen, wenn ich jetzt noch etwas Wasser in seinen guten Wein hineintue. Ich werde seinen Wein nicht soweit strecken, wie er den Wein der Regierungsvorlage gestreckt hat; denn, meine Damen und Herren, im großen und ganzen gehen die Anträge, die von ihm gestellt und für mich leider unannehmbar sind — ich habe der gestrigen Sitzung des Ausschusses nicht beiwohnen und dort meine Bedenken nicht vorbringen können — dahin, die Regelung der Sache ad Calendas Graecas zu verschieben.

Das bestehende Gesetz ist aber meines Erachtens abänderungsbedürftig. Es ist gegeben vor 35 Jahren, als wir noch eine seßhafte Bevölkerung hatten. Die Industrialisierung Deutschlands hat sich seitdem stetig entwickelt und von Jahr zu Jahr verstärkt; was damals recht und billig war für Stadt und Land, ist es heute nicht mehr, das müssen Sie alle, wenn Sie gerecht sein wollen, anerkennen. Die sehr geschickten Ausführungen des Herrn Berichterstatters ausführlich zu widerlegen, davon bitte ich mich zu dispensieren. Das läge weder in Ihrem noch in meinem Interesse, denn dazu müßte ich ebenso lange sprechen, wie es dem Herrn Berichterstatter gestattet war. Ich möchte daher nur ganz kurz einige Hauptpunkte der Motivierung seines Antrags angreifen.

Er hat unter anderem gesagt: die ganze Armenpflege auf dem Lande muß eine bessere werden, denn es geht aus den Zahlen hervor, wie schlecht sie ist, die Kosten in der Stadt sind so und so viel mal höher, auf dem Lande so und so viel mal niedriger, ergo ist die Armenpflege auf dem Lande schlecht. Meine Damen und Herren! Ich bin der Ansicht, daß nicht allemal die teuerste Armenpflege die beste ist. Mein Herr Vorredner aus der Provinz Hannover hat recht deutlich die Überzeugung zum Ausdruck gebracht, daß die Städte durchweg eine vorzügliche Armenpflege hätten, das Land eine schlechte; das Land tue in der Armenpflege eigentlich weiter nichts, als daß es seine Hilfsbedürftigen nach den Städten abschiebe. Ich bin selbst acht Jahre Armenpflegedezernent einer großen östlichen Stadt gewesen; wenn wir gerecht und wahrheitsliebend sein wollen, dann wissen wir, daß auch in den Städten manchmal gesündigt wird. Ich könnte Ihnen Fälle erzählen, daß selbst in größeren Städten dort zugezogenen Personen in den letzten Monaten vor Ablauf der zwei Jahre, die zur Erwerbung des Unterstützungswohnsitzes erforderlich sind, von Organen der öffentlichen Armenpflege nicht erbetene

Unterstützungen in die Hand gedrückt worden sind, und daß dann ein Prozeß geführt wurde, der ungünstig für die städtische Verwaltung ausfiel. So vortrefflich, wie es von vielen Seiten behauptet worden ist, sieht es also auch in der städtischen Armenpflege nicht überall aus.

Es ist uns ferner von dem Herrn Berichterstatter empfohlen, von dem Rechte, Zweckverbände zu bilden, einen größeren Gebrauch zu machen. Meine Damen und Herren! Was im Westen richtig und zweckmäßig ist, nützt noch nicht immer im Osten. Wenn ich in meiner Heimatprovinz mit Armenlasten überbürdete Gemeinden zu Zweckverbänden zusammenlegen sollte, so könnte ich mühelos 10 oder 20 Gemeinden, die nebeneinanderliegen, von denen aber bereits eine jede mit einem Zuschlag von 300% oder mehr zu den direkten Staatssteuern belastet ist, zu einem Zweckverbande vereinigen. Wenn Sie solche Gemeinden nun auch als Zweckverband vereinen, so kommt dabei nicht mehr heraus, denn sie bleiben eben so leistungsunfähig wie früher. Nun werden Sie sagen: wenn das nicht möglich ist, muß der Landarmenverband eintreten. Das hat aber auch seine Grenzen! Die angeblich breiten und starken Schultern des Landarmenverbandes sind bei uns im Osten durch die außerordentlichen Lasten, die uns das Gesetz vom 11. Juni 1891 auferlegt hat, bereits so gedrückt und belastet, daß ihnen nicht mehr sehr viel zuzumuten ist. Wenn Provinzialverbände für die Landarmenpflege und ihre sonstigen Aufgaben, die ihnen obliegen, bereits 20% und mehr an Zuschlägen zu den direkten Staatssteuern als Provinzialsteuer erheben müssen, wenn ferner die Kreisverbände 100% und mehr erheben, und wenn bei den Gemeinden eine kommunale Belastung unter 300% Zuschlag selten ist, ja, dann ist durch Zweckverbände, durch das Eintreten des Landarmenverbandes nicht mehr viel zu machen, obwohl ich das letztere immer noch für das bessere halte; denn dann können wenigstens die großen Städte zu den Lasten mitherangezogen werden.

Von diesem Gesichtspunkte aus müssen wir jeden Versuch, der gemacht wird, um Lasten von unsern Ortsarmenverbänden abzuwälzen, die sie gerechterweise nicht tragen sollten, mit Freuden begrüßen, und ein solcher Versuch ist die jetzt dem Reichstage unterbreitete Novelle zum Gesetz über den Unterstützungswohnsitz.

Ich nehme keinen Anstand, hier zu erklären, daß ich nicht etwa vom agrarpolitischen Standpunkte aus spreche, sondern lediglich auf Grund der Erfahrung, die ich in mehr als 25 jähriger amtlicher Tätigkeit in der öffentlichen Armenpflege mir erworben habe, wenn ich diesem Versuche meine volle Sympathie entgegenbringe. Man kann die Bestimmungen der Novelle in einem oder dem anderen Punkte, z. B. in der Fassung des § 29, für verbesserungsfähig halten, gerechtfertigt ist meines Erachtens aber die Bestimmung der Novelle, daß bereits nach zurückgelegtem 16. Lebensjahre ein neuer Unterstützungswohnsitz durch einjährigen Aufenthalt erworben, und der bisherige Unterstützungswohnsitz durch einjährige Abwesenheit verloren werden kann. Jedenfalls ist die Umwandlung der zweijährigen Erwerbs- und Verlustfrist in eine einjährige durchaus gerechtfertigt. Toto die kommt es bei uns vor, daß ein Ortsarmenverband an den Landarmenverband mit der Motivierung herantritt: nach Berlin oder einer westlichen Industriestadt sind

Leute von hier hingegangen, jetzt ist eine große Krankenrechnung für sie eingegangen, die kann ich nicht bezahlen. Für die Leute, die an ihrem Ort geblieben sind, sorgen unsere Ortsarmenverbände aus eigenen Mitteln und durchschnittlich auch nicht schlecht; ihre Leistungsfähigkeit versagt aber, sobald hohe Rechnungen für Leute, die nach dem Westen abgewandert sind, bei ihnen eingehen, und dann muß der Landarmenverband eintreten.

Herr Stadtrat Münsterberg hat es als nicht gerechtfertigt bezeichnet, daß das 16. Lebensjahr der Anfang der armenrechtlichen Selbständigkeit des jungen Mannes oder Mädchens sein solle. Herr Landessyndikus Gerhardt hat darauf geantwortet, daß auch das Invalidenversicherungsgesetz gerade mit dem 16. Jahr die Beitragspflicht beginnen läßt. Auch hat sich Ihr Berichterstatter darauf berufen, daß in dem Fürsorgeerziehungsgesetz das Alter der der Fürsorgeerziehung unterliegenden Personen höher normiert sei. Das ist zwar richtig, trägt aber gleichfalls häufig dazu bei, den Osten zugunsten des Westens und der großen Städte in ungerechter Weise zu belasten. Ein Mädel geht von uns fort nach Berlin; wir entlassen sie als ordentliches, nettes, wohlerzogenes Mädchen; sie gerät hier in schlechte Gesellschaft, und es passiert, was leider üblich ist. Dann wird das Fürsorge=Erziehungsverfahren eingeleitet vor dem Vormundschaftsgericht in Danzig oder Stuhm, weil sie dort unter Vormundschaft steht. Sie hat in Berlin gesündigt, sie wird von dem westpr. Vormundschaftsgericht zur Fürsorgeerziehung verurteilt, und die Kosten trägt nicht der Ort, wo sie gearbeitet hat, wo sie sich lange Zeit aufgehalten und gesündigt hat, sondern die Kosten trägt die Provinz, von der sie ausgewandert ist, der dortige Landarmenverband. Das ist doch nicht gerecht.

Ich will mich kurz resümieren. Ich glaube, daß wir im Osten, und zwar die Vertreter der kleinen Ortsarmenverbände und auch die Vertreter der Landarmenverbände, den Versuch der Reichsregierung dankbar anerkennen, die Verteilung der Armenlasten gerechter zu regeln, ein Gesetz, das unter ganz anderen Verhältnissen entstanden ist, das an die heutige Abwanderung der Bevölkerung vom Osten nach dem Westen noch gar nicht gedacht hat, zu verbessern. Ein solcher Gesetzentwurf ist meines Erachtens gerechtfertigt und annehmbar, selbst wenn er nicht die ganze Materie der Armenpflege organisch neu ordnet. Die Sache ad Calendas Graecas verschieben, wie der Herr Berichterstatter vorschlägt, heißt: den Osten noch weiter belasten zugunsten des Westens. Ich halte das, was der Gesetzentwurf will, für einen Akt ausgleichender Gerechtigkeit zwischen Ost und West. Für das Beste würde ich freilich halten, daß jeder da unterstützt wird, wo er sich aufhält und hilfsbedürftig wird, und zwar definitiv für Rechnung des betreffenden Verbandes, und daß nur die Abschiebung Hilfsbedürftiger verboten wird und Regreßansprüche begründet. Wenn wir erst so weit sind, und mit dem weiteren Ausbau der sozialen Gesetzgebung wird es dazu kommen, dann werden wir alle zufrieden und besonders darüber glücklich sein, daß eine Menge der unerquicklichsten Schreibereien, die heute zur Ermittelung des definitiv fürsorgepflichtigen Armenverbandes notwendig sind und Ströme von Tinte erfordern, entbehrlich wird.

Erster Bürgermeister Cuno (Hagen): Trotzdem Beigeordneter Knops vom Standpunkt eines kleineren Industriegebietes aus den § 29 besprochen hat und zwei Herren vom Standpunkte der Vorortgemeinden im Verhältnis zur Hauptstadt, gestatten Sie mir noch einige Worte aus der Kenntnis der Verhältnisse des rheinisch=westfälischen Industriebezirks — eines Gebietes, das eine Einwohnerzahl hat, weit über die von Berlin hinaus, und das man nicht mit Unrecht als die dezentralisierte Großstadt bezeichnet hat, eines einheitlichen großen Wirtschaftsgebietes, zerstückelt in eine Unzahl von Gemeinden. Die großen Zechen, die großen Hüttenwerke mit ihren Tausenden von Arbeitern kehren sich nicht an die Grenzen der politischen Gemeinden; ebensowenig kehren sich die Arbeiter, wenn sie Beschäftigung suchen, an die politischen Gemeinden, und die Häuser, die sich an den Straßen entlang ziehen, wo die Straßenbahnen meilenweit neben den Staatsbahnen herlaufen, werden gebaut ohne Rücksicht auf die politischen Gemeinden. Meine Herren, was für interessante juristische Streitfragen werden sich aus dem § 29 ergeben (Heiterkeit), allein aus der Frage der Feststellung des Beschäftigungsortes bei solchen großen industriellen Unternehmungen! Soll die zufällige Lage des Schachtes eines über mehrere Gemeinden sich erstreckenden Bergwerks oder die zufällige Lage des Kontors den Ausschlag dafür geben, daß eine Gemeinde für Tausende von Arbeitern des Werkes, die in anderen Gemeinden wohnen, die Armenpflege tragen muß? Welche interessanten Aufgaben werden sich, wenn erst einmal die Judikatur des Bundesamts für das Heimatswesen über die Auslegung des Begriffs „Beschäftigungsort" in dem neuen § 29 feststehen wird, für die Syndici der Werke ergeben, wie sie ihren Betrieb einrichten, damit Beschäftigungsort im Sinne der Entscheidungen des Bundesamts diejenige Gemeinde wird, in welcher die Werke nicht die meisten Steuern zahlen! Und dann, wenn nun doch der Beschäftigungsort der Ort sein muß, in welchem sie die meisten Steuern bezahlen, dann müssen sie im Interesse dieser Gemeinde das tun, was sie jetzt im Interesse ihrer Krankenkassen tun, um eine zu weite Belastung zu verhindern: sie müssen die kranken Arbeiter aus ihren Betrieben ausschließen, hier aber nicht bloß die kranken Arbeiter, sondern auch die, deren Frauen oder Kinder kränklich sind, so daß die Gefahr einer Belastung der Beschäftigungsgemeinde mit der Armenlast entsteht. Es können soziale Wirkungen eintreten, von denen man sich keine Vorstellung gemacht hat.

Alles drängt in dem Industriegebiete dahin, daß die einzelne Gemeinde abgelöst wird durch größere Organisationen; da handelt es sich nicht mehr darum, daß einzelne Gemeinden aufgesogen werden von der Stadt; es verschwinden ganze Landkreise zugunsten großer städtischer Organisationen. Wir sind gezwungen, weil die öffentlichrechtlichen Vorschriften nicht ausreichen, zu privatrechtlichen Formen unsere Zuflucht zu nehmen, zu der Form der Aktiengesellschaft, um großen öffentlichen Bedürfnissen und Aufgaben zu genügen. Und mitten in diese Entwicklung hinein, die zu neuen Organisationsformen drängt, kommt dieser Entwurf, der geradezu den Kampf der Gemeinden gegeneinander entfesselt um die winzigsten Fragen auf dem Gebiete der Armenpflege. Es scheint, daß dieser § 29 in seiner unglückseligen Fassung und unglückseligen Motivierung auch von den Freunden der Vorlage aufgegeben ist; aber man muß diesen Gesichtspunkt doch hervorheben.

Nun ergibt sich aus den Worten des letzten Herrn Redners der Standpunkt, von dem die Begründung des Entwurfs ausgegangen ist: Entlastung der schwerbedrängten Gemeinden des Ostens. Ich gebe gern zu aus meiner Kenntnis der östlichen Verhältnisse und der Betrachtung der gewaltigen Entwicklung des rheinisch-westfälischen Industriegebiets, daß dieses Gebiet, in dem die Milliarden verdient werden, sich der Verpflichtung nicht entziehen kann, als Äquivalent zu den großen Vorteilen, die es aus der Zuwanderung der Bevölkerung aus dem Osten zieht, entsprechende Lasten zu tragen, trotz der 200 bis 250 % Steuern, die die Gemeinden des westfälischen Industriebezirks auch tragen. Aber solange es der Industrie gut geht, können wir es unseren Gemeinden zumuten. Sie wollen aber nicht verkennen, daß wir schon gewaltig zu den allgemeinen Lasten herangezogen werden, nicht nur durch unsere große Steuerkraft. Denken Sie daran, wie der rheinisch-westfälische Industriebezirk beiträgt zu den Eisenbahnüberschüssen des Staates! Wo wären die Überschüsse, wenn dieser Bezirk nicht da wäre! Die kleine Strecke des Rhein-Hernekanals muß die übrigen Strecken der Kanalvorlage mit durchziehen. Trotzdem hat die Forderung eines gewissen Ausgleichs ihre Berechtigung. Aber wenn ich diese großen Gesichtspunkte würdige, was bedeutet da diese Vorlage mit ihrer Abkürzung der Frist um ein Jahr, mit der Herabsetzung der Altersgrenze um zwei Jahre, wobei dann noch die nachteiligen Wirkungen für die Handhabung der Armenpflege selber eintreten werden, die uns heute von den verschiedensten Herren so beredt entwickelt worden sind. Meine Herren, gegenüber diesen kleinen Gesichtspunkten der Vorlage der großzügige Ausblick in die Zukunft, die unser Berichterstatter auf Grund der langjährigen Arbeiten unseres Vereins hier entwickelt hat! Da sollte es auch der Reichsregierung nicht schwer fallen, den gegenwärtigen Entwurf fallen zu lassen und in größerem Rahmen unter dem Gesichtspunkte der Auferlegung der Lasten auf breitere Schultern an eine Fortentwicklung der Armenpflege heranzugehen. Das führt auch zu einer Besserung der ländlichen Armenpflege und damit zur Beseitigung einer der Ursachen der Landflucht. Wenn wir uns auf den Boden der Resolution stellen, meine Herren, leisten wir wirklich der Zukunft einen Dienst.

(Die Beratung wird geschlossen.)

Berichterstatter Stadtrat Dr. Münsterberg-Berlin (Schlußwort): Ich kann mich so kurz fassen, daß es nicht einmal verlohnt, von hier aus den Weg nach dem Rednerpult zurückzulegen; denn die Diskussion hat meines Erachtens den Verlauf genommen, der im ganzen zu erwarten war. Es war zu erwarten, daß das Bestreben der Reichsregierung, die ländliche Armenpflege angemessen zu entlasten, und die Überbürdung der ländlichen Verbände durchweg anerkannt werden würde; es war zu erwarten, daß die Vertreter der größeren Interessenverbände, namentlich der Landarmenverbände, ich möchte sagen, am eigenen Leibe die Ungerechtigkeit einer zu starken Belastung empfinden und eher geneigt sind, zu vertrauen, daß Bestimmungen wie die in der Novelle etwas von dieser Ungerechtigkeit abnehmen könnten, und es läßt sich gewiß nicht leugnen, daß eine gewisse günstige Wirkung gerade aus dem Gesichtspunkt einer Verminderung des Landarmenwesens sich aus der Verkürzung von zwei Jahren auf ein Jahr wohl erwarten läßt. Auf der andern Seite ließ sich erwarten, daß die Vertreter des speziellen städtischen Interesses und speziell die Vertreter derjenigen Orte, die als Industrieorte und Nachbargemeinden in Betracht kommen würden, der Fassung des § 29 sich entgegensetzen würden. Gewiß haben wir alle mit großem Interesse die Ausführungen unseres Kollegen Knops über die Verhältnisse im Siegerlande und die von Herrn Direktor Lohse über die Gestaltung des Verhältnisses von Hamburg und Altona gehört.

Wenn unser verehrter Senior, Herr Pastor v. Bodelschwingh, sagte, daß ich ihm so freundlich zugenickt hätte, ohne so viel zu halten, wie er aus diesem Zunicken hätte entnehmen können, so liegt das daran, daß ihm auch ein Punkt über allen andern wichtig erscheint und er gewünscht hätte, daß ich diesen einen Punkt viel ausführlicher in meinem Referat behandelt hätte; das konnte ich nicht im Interesse der Ökonomie des Ganzen.

Wenn einer der Herren die Güte hatte, meinen Heroismus zu bewundern, mit dem ich ganze Teile meines Manuskripts verschluckt habe, um nicht zu lange zu sprechen, würde seine Bewunderung auf den höchsten Grad steigen, wenn er meine Notizen für das Referat sähe. Ich denke aber einiges in dem Stenogramm nachzutragen, weil ich es für wünschenswert halte, daß einige sachliche Ausführungen und einiges tatsächliche und ziffernmäßige Material für die zusammenhängende Betrachtung nicht verloren geht; ich hoffe, die Herren werden es nicht als eine nachträgliche Fälschung betrachten, wenn ich in der Beziehung meinen Vortrag noch etwas ergänze.

Ich möchte zuletzt noch der Genugtuung darüber Ausdruck geben, daß — was bei Beginn unserer Versammlung noch nicht bekannt war — ein offizieller Vertreter der Reichslande, Herr Ministerialrat Sommer, unter uns erschienen ist, um unmittelbar die Eindrücke, die er hier empfangen hat, in seine Verwaltung mitzunehmen, und ich darf wohl sagen, daß wir ihn wie seine Herren Kollegen aus dem Reichsamt und aus dem Ministerium des Innern besonders gern hier willkommen heißen. Uns kann nichts erwünschter sein, als daß die Regierung mit den Fachvertretungen Hand in Hand arbeitet, und daß sie die Anregungen und das Material, das wir in bescheidener Weise darzubieten vermögen, auch für ihre Gesetzesvorlage verarbeitet und so wirklich das große und vielseitige Material nutzbar gemacht wird.

Es würde sich nun darum handeln, ob die Resolution, die ich Ihnen im Namen des Zentralausschusses vorzulegen hatte, die Zustimmung findet. Die Voraussetzung für die Zustimmung war, daß die Leitsätze selbst nicht mehr amendiert würden, nicht etwa in dem Sinne, daß diese Leitsätze, die im Zentralausschuß sehr sorgfältig durchgesprochen sind, absolut unanfechtbare Wahrheiten enthielten, sondern in dem Sinne, daß, wenn in den Wortlaut der einzelnen Leitsätze eingetreten werden würde, dann allein mit redaktionellen Anträgen, mit Umstellungen usw. eine übermäßig lange Zeit vergehen würde.

Man glaubte, daß diese Leitsätze eigentlich mehr eine gewisse programmatische Darstellung dessen enthalten, was bei einer umfassenden Betrachtung des gesamten Stoffes von den gesetzgebenden Faktoren zu erwägen sein würde, und deswegen beschränkt sich die von dem Ausschuß der Versammlung vorgeschlagene Resolution darauf, zu sagen, daß auf Grund der vorgelegten Leitsätze die Hoffnung ausgesprochen wird, der Reichstag werde dem Entwurf in der vorliegenden Fassung die Zustimmung versagen.

Das, meine Herren, ist also der letzte Sinn unserer heutigen Tagung, daß wir zu dem Entwurf unsererseits Stellung nehmen, und ich glaube, daß im großen und ganzen aus den Ausführungen der Redner und aus der vielfach zustimmenden Haltung der Versammlung der Schluß gezogen werden kann, daß ihr eine maßvolle Resolution, also eine Ablehnung in der vorliegenden Fassung willkommen sei, daß durch Überreichung der Leitsätze dargetan wird, wie man sich eine Reform denken soll, die wirklich den Armen nützt und auch die Armenverbände in gerechter Weise belastet.

Wir würden praktisch, sofern diese Resolution angenommen wird, so vorgehen, daß wir die Leitsätze nebst dem Druckmaterial, das aus den heutigen Verhandlungen entstehen wird, den beteiligten Faktoren, also der Reichsregierung, den Landesregierungen und den Mitgliedern des Reichstages, überreichen und vertrauen, daß in dem Geiste und in dem Sinne, von dem unsere Vereinsverhandlungen immer getragen worden sind, d. h. in dem Sinne einer Ausgleichung von Gegensätzen, in dem Sinne einer Sorge für das Ganze und nicht für das Einzelne, auch unsere heutigen Verhandlungen von den gesetzgebenden Faktoren beherzigt und verstanden werden.

(Bravo!)

Vorsitzender: Wir kommen zur Abstimmung. Ein Gegenantrag ist nicht gestellt. Ich werde mir erlauben, den Antrag zu verlesen; er lautet:

Auf Grund der vom Zentralausschuß ihr vorgelegten Leitsätze, denen sie in allen wesentlichen Punkten zustimmt, spricht die Versammlung die Hoffnung aus, daß der Reichstag dem Entwurf zur Abänderung des Gesetzes über den Unterstützungswohnsitz in der vorliegenden Fassung die Zustimmung versagen werde.

Ich bitte diejenigen Mitglieder, die für die Annahme dieses Antrages sind, die Hand zu erheben.

(Geschieht.)

Die überwiegende Mehrheit.

Die Leitsätze haben den folgenden Wortlaut:

„Der Deutsche Verein für Armenpflege und Wohltätigkeit hat in seiner Jahresversammlung vom 3. März 1906 beschlossen, zu dem dem Reichstage vorgelegten Entwurf eines Gesetzes betreffend die Änderung des Gesetzes über den U. W. durch nachstehende Leitsätze Stellung zu nehmen.

I. Der Verein stimmt mit der Begründung des Entwurfs in der Beurteilung der durch die Binnenwanderungen für einzelne Gebiete des Reichs geschaffenen ungünstigen wirtschaftlichen Lage überein und erkennt insbesondere als Bedürfnis an, der Notlage der überbürdeten Armenverbände in nachhaltiger Weise abzuhelfen.

II. Die dem Reichstag vorgelegte Begründung des Gesetzentwurfs ist lediglich auf die Ziffern betreffend die im nördlichen Deutschland sich vollziehende Binnenwanderung gestützt. Welche Wirkungen im einzelnen durch die Wanderungen hervorgerufen werden, wie die Armenlast gegenwärtig verteilt ist und wie ihre Verteilung sich voraussichtlich bei Annahme des Gesetzentwurfs gestalten würde, ist in der Vorlage nicht ins Auge gefaßt. Der Verein erachtet die Beschaffung neueren Materials und seine Verarbeitung im Zusammenhang mit dem älteren Material, das in den Schriften des Vereins niedergelegt ist, für die unerläßliche Voraussetzung einer Änderung der bestehenden Armengesetzgebung. Der Verein muß daher zurzeit ebensowohl gegen eine vollständige Revision wie gegen die Änderung einzelner Bestimmungen des geltenden Armenrechts Widerspruch erheben.

III. Gegen die einzelnen Bestimmungen des Entwurfs sind, abgesehen von den zu II. ausgedrückten grundsätzlichen Bedenken, die folgenden Einwendungen zu erheben:

1. Die Annahme der wirtschaftlichen Selbständigkeit mit vollendetem 16. Lebensjahr und die hierauf gegründete Herabsetzung der Altersgrenze vom 18. auf das 16. Lebensjahr steht im Widerspruch mit der sonst in Reichsgesetzen, so namentlich in der Gewerbeordnung (Lohneinhaltung bei Minderjährigen), im Reichsstrafgesetzbuch (Alter der Strafmündigkeit), im B.G.B. (Zulässigkeit der Zwangserziehung) zum Ausdruck gelangenden Auffassung von der bürgerlichen und wirtschaftlichen Verantwortlichkeit junger Leute. Auch steht sie im Widerspruch mit den Erscheinungen des wirklichen Lebens, soweit nicht lediglich ungelernte Arbeiter in Betracht fallen.

2. Die Herabsetzung der Frist zum Erwerb und Verlust des U.W. führt sowohl zu einer stark einseitigen Belastung der Städte und der industriellen Bezirke als auch zu einer Erschwerung der Ausübung der Privatwohltätigkeit. Sie würde überdies den Anreiz zur Abwanderung in die Städte und damit die mit Recht beklagte Landflucht erheblich vermehren; auch würde sie Veranlassung geben, daß die Neigung zur Abschiebung der arbeitenden Bevölkerung namentlich in ländlichen Gemeinden und kleinen Städten in ungesunder Weise begünstigt und die schon gegenwärtig vielfach geübte Gepflogenheit, durch Abschluß kurzer Dienst- und Arbeitsverträge den Erwerb des U.W. zu verhindern, bestärkt und so die Möglichkeit, seßhaft zu werden, für einen großen Teil der ländlichen Bevölkerung vereitelt wird.

Sollte der Verminderung der Erwerbsfrist dennoch zugestimmt werden, so ist die dringende Forderung zu erheben, daß eine Altersgrenze bestimmt werde, nach deren Überschreitung Erwerb und Verlust des U.W. ausgeschlossen ist. Es entspricht dem Gesichtspunkt des wirtschaftlichen Äquivalents, daß die dauernde Fürsorge für einen Bedürftigen nicht einem Armenverbande aufgelegt wird, zu dem er erst nach Verlust oder wesentlicher Verminderung seiner Arbeitskraft zugezogen ist. Zu fordern ist auch, daß diejenige Frist nicht in den zum Erwerbe des U.W. notwendigen Zeitraum eingerechnet werde, während deren der Bedürftige aus stiftungsmäßigen Mitteln oder aus Mitteln der Privatwohltätigkeit unterstützt worden ist.

3. Die neue Fassung des § 29 verkehrt die ursprünglich als Ausnahmebestimmung gedachte Vorschrift in ihr Gegenteil. Durch sie wird die Gemeinde des Aufenthaltsortes befugt, Erstattung für gewährte Unterstützungen von der Gemeinde des Dienst- und Arbeitsortes zu fordern, mit der der Bedürftige nur durch ein ganz kurz dauerndes Arbeits- oder Dienstverhältnis verbunden ist und ohne daß die Bedürftigkeit an diesem Ort hervorgetreten ist. Die Neufassung des § 29 ist von erheblicher Bedeutung nur im Verhältnis zu Nachbar- und Vorortgemeinden, die vielfach in ebenso günstiger, wenn nicht günstigerer wirtschaftlicher Lage sich befinden, als die Gemeinde des Dienst- und Arbeitsortes.

Übersehen wird hierbei auch, daß der Verbrauch des Arbeiters und seiner Familie sich wesentlich am Wohnorte vollzieht und im Sinne des wirtschaftlichen Äquivalents der Wohngemeinde namentlich die durch das gesteigerte Wohnbedürfnis erzeugte Steigerung der Bodenpreise zugute kommt.

Endlich legt die Fassung des § 29 die ernste Befürchtung nahe, daß die Streitigkeiten zwischen den Nachbargemeinden vermehrt und verschärft werden.

IV. Falls trotz der entgegenstehenden Bedenken die Änderung einzelner Bestimmungen des G.U.W. beliebt werden sollte, so erhebt der Verein die Forderung, daß zugleich eine Reihe der von ihm in früheren Jahresversammlungen ausgesprochenen und ausführlich begründeten Anträge berücksichtigt werden. Dahin gehören:

1. Die Regelung des Tarifwesens aus § 30 des Gesetzes im Sinne einer Ausgleichung, die den endgültig verpflichteten Armenverband gegen Erstattung von Aufwendungen schützt, die den am Orte erforderlich gewesenen Aufwand übersteigen und anderseits dem vorläufig fürsorgepflichtigen Verbande die Erstattung seiner Selbstkosten sichert. Die Ausgleichung würde durch die Beteiligung der größeren Verbände im Anschluß an einen von dem Reich zu erlassenden, an die Servisklassen anknüpfenden Tarif gefunden werden können.

2. § 28 des G.U.W. versagt vollständig für die Versorgung der nicht seßhaften, wandernden Bevölkerung. Es ist eine gesetzliche Regelung durch Schaffung von Zweckverbänden zu fordern, die die Fürsorge durch Herstellung von Einrichtungen übernehmen, in denen Naturalverpflegung gegen Leistung von Arbeit auf Grund von Wanderordnungen geboten wird.

3. Die Erstattung von Unterstützungen durch die Unterstützten bedarf einer reichsgesetzlichen Regelung, wie sie das Verhältnis der Armenverbände zu Drittverpflichteten in § 62 G.U.W. gefunden hat.

4. Gegenüber dem immer stärker sich ausbreitenden Übel der Versäumung der Nährpflicht wiederholt der Verein seine Forderung, die Armenverbände zur Einweisung nährpflichtiger Ehegatten und Eltern in eine geschlossene Anstalt mit Arbeitszwang im Wege eines gegen Mißbrauch zu schützendes Verfahrens zu ermächtigen. Er empfiehlt ferner die Ausscheidung der Strafvorschrift des § 361 Nr. 10 aus dem Rahmen der Strafvorschrift des § 361 und die Behandlung der Versäumung als Sondervergehen; als Strafmittel sollen für dieses Vergehen Gefängnisstrafe und Überweisung

an die Landespolizeibehörde neben Haftstrafe für leichtere Fälle zugelassen sein; die der Polizeibehörde bisher zugewiesene vorbereitende Tätigkeit sollte auf die Armenbehörde übergehen.

5. Der Verlust des Wahlrechts durch den Empfang von Armenunterstützung widerspricht der heutigen Auffassung von den Aufgaben der Armenkrankenpflege. Es ist eine genaue Begrenzung des Begriffs derjenigen öffentlichen Unterstützung zu fordern, die den Verlust des Wahlrechts zur Folge haben soll; auszuschließen ist hierbei jede Darbietung von Krankenpflege für das Familienhaupt und seine Angehörigen.

6. Der Verein wiederholt seine bei verschiedenen Gelegenheiten aufgestellte Forderung der Ausdehnung des Gesetzes über den U. W. auf die außerhalb seines Geltungsbereiches stehenden Bundesstaaten Bayern und Elsaß-Lothringen.

Er fügt den Wunsch hinzu, daß die Zuständigkeit des Bundesamts für das Heimatwesen auf alle Armenenstreitfälle auch innerhalb desselben Bundesstaats ausgedehnt werde.

V. Die als durchaus notwendig zu erachtende gerechte Verteilung der Armenlasten kann in erheblichem Maße schon im Rahmen der geltenden Landesgesetzgebung bewirkt werden. Zu Maßregeln dieser Art gehören vornehmlich:

1. die Bildung von Gesamtarmenverbänden,
2. die Bildung von Zweckverbänden,
3. die Beteiligung der größeren Verbände an der Armenlast insbesondere:

a) durch Gewährung von Beihilfen an unvermögende Ortsarmenverbände, sei es durch allgemeine Beihilfen nach Maßgabe des Steuerfußes, sei es durch Gewährung von Kopfbeiträgen für den einzelnen Fall,

b) durch vollständige Übernahme einzelner Zweige der öffentlichen Fürsorge für bestimmte Klassen von Bedürftigen.

4. die Schaffung von Fürsorgeeinrichtungen in den ihrer entbehrenden Gebieten, namentlich in Ansehung ärztlicher und geburtsärztlicher Hilfe durch Anstellung von Ärzten und Hebammen und die Ermöglichung häuslicher Krankenpflege.

VI. Die Reichsgesetzgebung hat auch zu den bei V geforderten Maßregeln insofern mitzuwirken, als sie gewisse Mindestforderungen aufstellen und insbesonder die Schaffung geordneter Aufsicht über die öffentliche Armenpflege unbedingt sicher stellen muß.

VII. Der Verein erhebt die vorstehenden Forderungen im Interesse gesunder, der bedürftigen Bevölkerung wirksam helfender Armenpflege in Stadt und Land. Er befürchtet von der Annahme der Bestimmungen des Gesetzentwurfs nicht nur eine einseitige Belastung der Städte und industriellen Gebiete, sondern vor allem auch den vollständigen Stillstand in den Bestrebungen zur Verbesserung der ländlichen Armenpflege, dessen Folge eine weitere Vermehrung des Anreizes zur Abwanderung vom Lande nach der Stadt sein würde.

Meine Herren, wir fahren fort in unsrer Tagesordnung. Wir haben noch, da wir im Herbste keine Versammlung haben, die Wahlen zu erledigen. Ich bitte Herrn Pfarrer D. Schlosser, das Wort zu nehmen.

Pfarrer D. Schlosser (Gießen). Meine Herren, es scheiden in diesem Jahre aus:

Dr. Aschrott, Landger.-Dir., Berlin.
Bachmann, Landesrat, Kiel.
Dr. Blenck, Geh. Ob.-Reg.-Rat, Präs. des Stat. Landesamtes, Berlin.
Evert, Geh. Reg.-Rat, Berlin.
Falch, Ob. Reg.-Rat, Stuttgart.
Frhr. v. d. Goltz, Kreisdirektor, Diedenhofen.
Hintze, Landeshauptmann, Danzig.
Künzer, Bürgermeister, Posen.
Mau, Pfarrer, Kiel.
Dr. Ruland, Justizrat u. Rechtsanw. Colmar i. E.
Dr. Schön, Senator, Lübeck.
Dr. Schwander, Beigeordneter, Straßburg i. E.
Dr. Stooß, Senator, Lübeck.
Widmann, Ober-Reg.-Rat, Ludwigsburg i. W.
Dr. Zimmermann, Geh. Fin.-Rat, Braunschweig.

Ich schlage vor, daß wir die sämtlichen Ausscheidenden durch Akklamation wiederwählen.

Vorsitzender: Sie haben den Antrag des Herrn Pfarrers D. Schlosser gehört. Wünscht jemand darüber zu sprechen? — Wenn das nicht der Fall ist, frage ich die geehrte Versammlung: wollen Sie die vorgelesenen Herren als gewählt betrachten?

(Zustimmung.)

Es ist dann noch ein Punkt zu erledigen, das ist die Versammlung im nächsten Jahre. Es hat sich seit unsrer Herbstversammlung in diesem Punkte nichts geändert; damals ist die Sache dem Zentralausschusse überlassen worden. Ich möchte Sie bitten, den damals gefaßten Beschluß zu übertragen, daß die Bestimmung, wo und wann in dem nächsten Jahre die Hauptversammlung stattfinden soll, auch diesmal dem Zentralausschuß überlassen werde.

Wünscht jemand dazu zu sprechen? — Dann betrachte ich auch diesen Punkt für erledigt.

Stadtrat Dr. Münsterberg (Berlin): Wir haben schon in der Vorbesprechung angeregt, daß an Stelle des verstorbenen Herrn Landesrats Dr. Brandts Landessyndikus Gerhardt (Berlin) in den Ausschuß gewählt werde.

Vorsitzender: Ich betrachte diesen Antrag als eine Ergänzung des Antrags des Herrn Pfarrers D. Schlosser, und wenn kein Widerspruch erfolgt, nehme ich an, daß er angenommen ist. — Das ist der Fall.

Landeshauptmann Hintze (Danzig): Wenn wir auch in dem Hauptgegenstand der Tagesordnung nicht vollständig einig sein konnten, so sind Sie jedenfalls alle mit mir darin einig, daß wir unserm verehrten Herrn Vorsitzenden und auch unserm verehrten Herrn Direktor und Berichterstatter herzlich danken für das, was sie hier bemerkt haben. Wir danken dem Herrn Vorsitzenden, der mit gewohnter geistiger und körperlicher Frische hier erschienen ist, danken ihm auch dafür, daß er so gut und so schnell für die Erledigung unsrer Geschäfte gesorgt hat. Wir danken aber auch dem Herrn Berichterstatter für die große Arbeit, der er sich diesmal unterzogen hat, und zwar in verhältnismäßig kurzer Zeit; die Sache war schwierig, und auch die Gegner müssen anerkennen, daß er es wieder in der bekannten Vollendung geleistet hat.

(Lebhafter Beifall.)

Vorsitzender: Ich danke dem Herrn Landeshauptmann für die anerkennenden Worte, und da er bereits selbst unserm lieben Kollegen Münsterberg für seine, ich möchte sagen, übermäßige Arbeit, die er hat leisten müssen, Dank ausgesprochen hat, so erübrigt für mich, daß ich die übrigen Herren bitte, an dem Dank, der uns ausgesprochen ist, teilzunehmen.

Damit sind wir an den Schluß unsrer Versammlung gelangt.

Ich schließe damit die 26. Jahresversammlung.

(Schluß 4 Uhr 15 Minuten.)

Verzeichnis der Redner.

v. Bodelschwingh: 44.
Cuno: 72.
Fleischmann: 55.
Flesch: 52.
Gerhardt: 61.
Götting: 64.
Hintze: 69. 79.
Hoffmann: 58.
v. Holländer: 3.
Kirschner: 1.

Klumker: 66.
Knops: 33.
Levy: 60.
Lohse: 38.
Ludwig-Wolf, Vorsitzender: 1. 2. 3. 27. 44. 75. 79. 80.
v. Massow: 41.
Münsterberg. 4. 73. 79.
Ruland: 27.
Schlosser: 79.

Mitgliederverzeichnis
des
Deutschen Vereins für Armenpflege und Wohltätigkeit.

(Ende 1905.)

I. Gemeinden.

	Mitglieder-beiträge. M.		Mitglieder-beiträge. M.
1. Aachen (Armenverwaltung)	10	25. Bremen (Stadtbremische Armenpflege)	30
2. Allenstein (Magistrat)	10	26. Bremerhaven (Magistrat)	10
3. Altenessen (Bürgermsteramt)	10	27. Breslau (Armendirektion)	50
4. Altona (Armenkommission)	50	28. Bromberg (Magistrat)	10
5. Alzey (Bürgermeisterei)	10	29. Brünn (Armenamt)	20
6. Anklam (Magistrat)	10	30. Burg bei Magdeburg (Magistrat)	10
7. Annaberg (Stadtrat)	10	31. Cassel (Armendirektion)	50
8. Apolda (Gemeindevorst.)	10	32. Celle (Magistrat)	10
9. Arnstadt (Magistrat)	10	33. Charlottenburg (Magistrat)	20
10. Aschersleben (Magistrat)	15	34. Chemnitz (Stadtrat)	30
11. Augsburg (Armenpflege)	30	35. Cleve (Magistrat)	10
12. Baden-Baden (Armenkommission)	10	36. Coblenz (Magistrat)	20
13. Barmen (Magistrat)	30	37. Coburg (Magistrat)	10
14. Berlin (Magistrat)	200	38. Cöln (Magistrat)	50
15. Bernburg (Magistrat)	15	39. Coethen (Magistrat)	10
16. Beuthen, O.-Schl. (Magistr.)	12	40. Colberg (Magistrat)	10
17. Biberach bei Ulm (Armendeputation)	10	41. Colmar i. Els. (Armenrat)	10
18. Biebrich (Magistrat)	10	42. Cottbus (Magistrat)	10
19. Bielefeld (Magistrat)	20	43. Crefeld (städt. Armendeput.)	50
20. Bochum (Magistrat)	10	44. Crimmitschau (Stadtrat)	10
21. Bonn (Oberbürgermstramt)	20	45. Danzig (Armenamt)	10
22. Borbeck (Magistrat)	10	46. Darmstadt (Großherzogliche Bürgermeisterei)	25
23. Brandenburg a. H. (Magistr.)	10		
24. Braunschweig (Magistrat)	30	47. Dessau (Magistrat)	10

Notiz: Anmeldungen zur Mitgliedschaft nimmt der Vorsitzende (Stadtrat Ludwig-Wolf, Leipzig) entgegen. Durch denselben sind auch die Satzungen 2c. des Vereins zu beziehen.

	Mitglieder-beiträge. M.		Mitglieder-beiträge. M.
48. Döbeln (Stadtrat)	10	90. Grünberg i. Schles. (Magistrat)	10
49. Dortmund (Armendeput.)	30	91. Guben (Magistrat)	10
50. Dresden (Armenkollegium)	20	92. Gumbinnen (Magistrat)	10
51. Dülken (Bürgermeisterei)	10	93. Hagen i. W. (Magistrat)	10
52. Düren (Magistrat)	10	94. Halberstadt (Magistrat)	15
53. Düsseldorf (Magistrat)	50	95. Halle a. S. (Arm.-Dir.)	30
54. Duisburg (Städt. Armenverwaltung)	25	96. Hamburg (Armenverwaltg.)	100
55. Eberswalde (Magistrat)	10	97. Hamburg (Waisenhaus-Kollegium)	50
56. Eibenstock (Stadtrat)	10		
57. Eilenburg (Magistrat)	10	98. Hameln (Magistrat)	10
58. Eisenach (Gemeindevorst.)	10	99. Hamm (Armenverwaltung)	10
59. Eisleben (Magistrat)	10	100. Hanau (Magistrat)	10
60. Elberfeld (Armenverwaltung)	60	101. Hannover (Armenverw.)	30
61. Elbing (Arm.-Dir.)	10	102. Harburg (Magistrat)	20
62. Erfurt (Magistrat)	10	103. Haspe (Magistrat)	10
63. Erlangen (Magistrat)	10	104. Heidelberg i. Bad. (Armenrat)	15
64. Essen (Armenverwaltung)	30		
65. Eßlingen (Armenverwaltung)	10	105. Heilbronn (Armenverw.)	30
66. Flensburg (Magistrat)	10	106. Heißen (Bürgermeisterei)	10
67. Forst i./L. (Magistrat)	10	107. Hildesheim (Armenverw.)	20
68. Frankfurt a. M. (Armenamt)	50	108. Höchst a. M. (Magistrat)	10
69. Frankfurt a. O. (Magistrat)	10	109. Hörde in Westf. (Armendirektion)	10
70. Freiberg i. S. (Stadtrat)	10		
71. Freiburg im Br. (Stadtrat)	10	110. Hohensalza (Magistrat)	10
72. Fürth (Magistrat)	10	111. Jauer (Magistrat)	10
73. Gelsenkirchen (Magistrat)	10	112. Jena (Gemeindevorstand)	10
74. Gera (Stadtrat)	10	113. Insterburg (Magistrat)	10
75. Gernsheim (Großherzogliche Bürgermeisterei)	10	114. Iserlohn (Magistrat)	20
76. Gießen (Magistrat)	30	115. Kaiserslautern (Magistrat)	10
77. M.-Gladbach (Armenverw.)	10	116. Kalk (Magistrat)	10
78. Glauchau (Stadtrat)	10	117. Karlsruhe (Magistrat)	25
79. Gleiwitz (Magistrat)	10	118. Kattowitz (Magistrat)	10
80. Glogau (Magistrat)	20	119. Kettwig a. R. (Bürgermstr.-Amt)	10
81. Gmünd in Württemberg (Ortsarmenbehörde)	10		
82. Gnesen (Magistrat)	10	120. Kiel (Magistrat)	20
83. Göppingen (Armenpflege)	10	121. Königsberg i. Pr. (Magistr.)	30
84. Görlitz (Magistrat)	20	122. Königshütte (Magistrat)	10
85. Göttingen (Magistrat)	20	123. Konstanz (Stadtrat)	10
86. Gotha (Stadtrat)	20	124. Kopenhagen (Magistrat 3. Abt.)	10
87. Graudenz (Magistrat)	10	125. Kreuznach (Bürgerm.-Amt)	10
88. Greifswald (Armendep.)	20	126. Lahr (Magistrat)	10
89. Greiz (Stadtrat)	10	127. Landsberg a. d. W. (Magistrat)	10

Mitgliederverzeichnis. III

		Mitglieder-beiträge. M.
128.	Langenberg (Rheinland) (Magistrat)	10
129.	Langenbielau (Magistrat)	10
130.	Lauban (Magistrat)	10
131.	Leipzig (Armenamt)	50
132.	Leipzig (Waisenratsamt)	15
133.	Lennep (Magistrat)	10
134.	Linden bei Hann. (Armenamt)	10
135.	Lingen (Armenkommission)	10
136.	Ludwigsburg, Württemberg (Armenverwaltung)	10
137.	Ludwigshafen (Magistrat)	20
138.	Lübeck (Armenanstalt)	30
139.	Lüdenscheid (Armenverw.)	10
140.	Lüneburg (Magistrat)	20
141.	Magdeburg (Armendirekt.)	50
142.	Mainz (Großherzogl. Bürgermeisterei)	10
143.	Mainz (Armendeputation)	10
144.	Malstadt-Burbach (Magistrat)	10
145.	Mannheim (Stadtrat)	25
146.	Mannheim (Armenkomm.)	10
147.	Marienburg i. Pr. (Magistrat)	10
148.	Markirch i. E. (Bürgermsterei)	10
149.	Meerane (Stadtrat)	10
150.	Meiderich (Magistrat)	10
151.	Meiningen (Magistrat)	10
152.	Memel (Magistrat)	10
153.	Merseburg (Magistrat)	10
154.	Metz (Magistrat)	30
155.	Mühlhausen i. Th. (Magistr.)	10
156.	Mülhausen i. Els. (Magistrat)	20
157.	Mülheim a. Rh. (Magistrat)	15
158.	Mülheim a. d. R. (Magistrat)	10
159.	München (Magistrat)	50
160.	Münster i. W. (Magistrat)	10
161.	Nauen (Magistrat)	10
162.	Nauheim (Bürgermeisterei)	10
163.	Neumünster, (Magistrat)	10
164.	Neunkirchen, Rheinpr. (Magistrat)	10

		Mitglieder-beiträge. M.
165.	Neuß (Armenverwaltung)	10
166.	Neuwied (Magistrat)	10
167.	Nordhausen (Magistrat)	20
168.	Nürnberg (Armenpflegschaftsrat)	30
169.	Oberhausen a. Rh. (Magistrat)	12
170.	Oels (Magistrat)	10
171.	Offenbach a. M. (Armendir.)	10
172.	Offenburg (Magistrat)	10
173.	Ohligs (Magistrat)	10
174.	Oldenburg (Magistrat)	10
175.	Oppeln (Magistrat)	10
176.	Oschersleben (Magistrat)	10
177.	Osnabrück (Magistrat)	30
178.	Peine (Magistrat)	10
179.	Pforzheim (Magistrat)	15
180.	Pirna (Stadtrat)	10
181.	Plauen (Stadtrat)	10
182.	Posen (Magistrat)	10
183.	Potsdam (Magistrat)	20
184.	Quedlinburg (Magistrat)	15
185.	Rastatt (Magistrat)	10
186.	Rathenow (Magistrat)	10
187.	Ratibor (Magistrat)	20
188.	Ravensburg (Armenverw.)	10
189.	Rawitsch (Magistrat)	10
190.	Recklinghausen (Armenverwaltung)	15
191.	Regensburg (Armenpflegschaftsrat)	10
192.	Remscheid (Magistrat)	30
193.	Reutlingen (Magistrat)	10
194.	Rheydt (Magistrat)	10
195.	Rixdorf (Gemeindeverw.)	20
196.	Roßlau (Magistrat)	10
197.	Rostock (Armenkollegium)	25
198.	Rüttenscheid (Magistrat)	10
199.	Ruhrort (Magistrat)	10
200.	Saarbrücken (Magistrat)	10
201.	Saargemünd (Magistrat)	10
202.	Saarlouis (Magistrat)	10
203.	Sagan (Magistrat)	10
204.	St. Johann a. S. (Magistrat)	10

Mitgliederverzeichnis.

	Mitglieder-beiträge. M.		Mitglieder-beiträge. M.
205. Sangerhausen (Magistrat)	10	228. Tilsit (Magistrat)	10
206. Schmölln (Stadtrat)	10	229. Trier (Armendeputation)	10
207. Schönebeck an der Elbe (Magistrat)	10	230. Ulm (Magistrat)	20
208. Schopfheim (Magistrat)	10	231. Viersen (Magistrat)	10
209. Schweidnitz (Magistrat)	20	232. Wald (Rheinl.) (Bürgermeisteramt)	10
210. Schweinfurt (Armenpflegschaftsrat)	10	233. Wandsbek (Magistrat)	10
211. Schwerin i. M. (Magistrat)	10	234. Wanne (Amtskasse)	10
212. Schwiebus (Magistrat)	10	235. Weimar (Gemeindevorst.)	15
213. Siegen (Magistrat)	20	236. Weißenfels (Stadtrat)	10
214. Soest (Armenkasse)	10	237. Wesel (Magistrat)	10
215. Solingen (Bürgermstramt)	10	238. Wien (Magistrat, Armendepartement)	200
216. Sorau (Armendirektion)	10	239. Wiesbaden (Magistrat)	25
217. Spandau (Magistrat)	10	240. Wildungen (Ortsarmendir.)	10
218. Steglitz (Gem.-Verw.)	20	241. Dt. Wilmersdorf bei Berlin (Gemeindevorst.)	20
219. Sterkrade (Bürgerm.-Amt)	10	242. Wismar (Magistrat)	20
220. Stettin (Magistrat)	30	243. Witten (Magistrat)	10
221. Stolp (Magistrat)	10	244. Wittenberge (Magistrat)	10
222. Stoppenberg (Bürgermstr.-Amt)	10	245. Worms (Großherzogl. Bürgermeisterei)	20
223. Stralsund (Magistrat)	10	246. Zeitz (Magistrat)	10
224. Straßburg i. E. (Magistrat)	50	247. Zerbst (Armenverwaltung)	10
225. Straßburg (Armenverw.)	10	248. Zittau (Stadtrat)	10
226. Stuttgart (Magistrat)	50	249. Zwickau (Stadtrat)	10
227. Thorn (Magistrat)	10		

II. Provinzial- und Landarmenverbände, Oberamts- und Amtskorporationen.

1. Alzey, Landarmenverband des Kreises Alzey	10
2. Berlin, Provinzialverband der Provinz Brandenburg	50
3. Biberach a. Riß, Amtskorporation	10
4. Bingen, Kreisamt	10
5. Blaubeuren, Amtskorporation	10
6. Breslau, Provinzialverband der Provinz Schlesien	50
7. Cassel, Landarmenverband des Regierungsbezirks Cassel	40
8. Danzig, Provinzialverband der Provinz Westpreußen	50
9. Darmstadt, Kreisamt	20
10. Düsseldorf, Provinzialverband der Rheinprovinz	50
11. Ellwangen, Landarmenbehörde	10
12. Hall, Oberamtspflege	10
13. Hannover, Landesdirektorium der Provinz Hannover	50
14. Karlsruhe, Kreisausschuß	10
15. Kiel, Provinzialverwaltung der Provinz Schleswig-Holstein	50
16. Königsberg i. Pr., Provinzialverband der Provinz Ostpreußen	25

		Mitglieder-beiträge. M.
17.	Konstanz, Kreisausschuß	10
18.	Lörrach, Kreisausschuß	10
19.	Ludwigsburg, Landarmenbehörde	10
20.	Lübeck, Landarmenverband	20
21.	Mannheim, Kreisausschuß	10
22.	Merseburg, Provinzialverband der Provinz Sachsen	50
23.	Münster, Provinzialverband der Provinz Westfalen	10
24.	Offenburg, Kreiskasse	10
25.	Posen, Landarmendirektion der Provinz Posen	10
26.	Reutlingen, Landarmenbehörde für den Schwarzwaldkreis	10
27.	Saarburg i. Lothr., Kreisunterstützungsfonds	10
28.	Stettin, Landarmenverband der Provinz Pommern	30
29.	Ulm, Landarmenbehörde	10
30.	Waldshut i. Bad., Kreisausschuß	10
31.	Wien, Landesausschuß des Erzherzogtums Österreich u. E.	200
32.	Wiesbaden, Landarmenverband im Regierungsbezirk Wiesbaden	40
33.	Worms, Landarmenverband des Kreises Worms	10

III. Behörden und staatliche Anstalten.

1.	Breslau, Gemeinde-Kirchenrat zu St. Bernhardin (Seminargasse 13 II)	10
2.	" Gemeinde-Kirchenrat zu XI. M. Jungfrauen (Elbingstr. 1 I)	10
3.	Düsseldorf, Landesversicherungs-Anstalt „Rheinprovinz"	20
4.	Hamburg, Gewerbekammer (Gr. Bleichen 61/63)	10
5.	Hamburg, Stat. Bur. der Steuerdep. (Gr. Bleichen 28)	10
6.	Hamburg, Aufsichtsbehörde für die milden Anstalten (ABC-Str. 46/47)	10
7.	Hamburg, Werk- u. Armenhausdirektion	10
8.	Karlsruhe, Großhrzl. Stat. Landesamt	10
9.	Konstanz, Grßh. Landeskommissär	10
10.	Leipzig, Reformierte Gemeinde (Herr C. Jung, Zeitzerstr. 81)	10
11.	Lübeck, Hans. Vers.-Anstalt für Invaliditäts- u. Altersversicherung	10
12.	" Zentralarmendep.	20
13.	München, Arbeitsamt (Zweibrückenstr. 20)	10
14.	Straßburg i. E., Zivilhospizien (Nikolaustaden)	10
15.	Stuttgart, Königl. Statistisches Landesamt	10
16.	" " Ministerium des Inneren	20

IV. Anstalten und Vereine.

1.	Annaberg i. S., Verein gegen Hausbettelei	10
2.	Berlin, Vaterländischer Frauenverein (N.W. 7. Unter den Linden 72/73)	50
3.	" Zentralausschuß für die innere Mission der Deutschen Evangelischen Kirche. (W. 35 Genthinerstraße 38)	10
4.	" Verein gegen Verarmung (Deutscher Turm, Gendarmenmarkt)	10

		Mitglieder-beiträge. M.
5.	Berlin, Deutsch-israelitischer Gemeindebund (W. 35 Steglitzerstraße 85 I)	10
6.	" Provinzialausschuß für innere Mission der Provinz Brandenburg (Berlin W., Paßauerstr. 16 II)	10
7.	" Auskunftsstelle der Deutschen Gesellschaft für ethische Kultur (Unter den Linden 16, Hof III)	10
8.	" Zentralstelle für Arbeiterwohlfahrtseinrichtungen (SW. Dessauerstr. 14)	10
9.	" Zentralstelle, Abteilung für Armenpflege und Wohltätigkeit (SW. Dessauerstr. 14)	10
10.	" Verband für jüdische Wohltätigkeitspflege (Rosenstr. 2/4)	10
11.	" Verein der Berl. Armenärzte (Arm.-Dir.)	20
12.	Bremen, Erziehungsverein	10
13.	Breslau, Verein gegen Verarmung und Bettelei	10
14.	" Armenpflegerinnenverein (Stadthaus, Magistratsbureau I)	10
15.	" Synagogengemeinde (Wallstr. 13/14)	10
16.	" Israel. Krankenpflegeanstalt (E. Sachs, Hohenzollernstr. 96)	10
17.	" Verein. Erziehungshaus Daheim (V, Ziethenstr. 11)	10
18.	" Verein zur Heilung armer Augenkranker (Major a. D. v. Thaden, Opitzstr. 1 II)	10
19.	" Evangel. Vereinshaus für innere Mission (Justizrat Grützner, Taschenstr. 18 [2])	10
20.	" Evang. Armenverein (Frau Geh. Rat Prof. Dr. Brie, IX Verl. Auenstr.)	10
21.	Brühl, Rhein.-Westf. Frauenverband (Frau Dr. Thierbach)	10
22.	Cassel, Vaterländischer Frauenverein	10
23.	" Verein gegen Hausbettelei (Stadtsekr. Hoffmeister)	10
24.	Cöln a. Rh., Rechtsschutzstelle für Frauen (Frl. L. Wenzel, Hansaring 61)	10
25.	Darmstadt, Allgem. Verein gegen Verarmung u. Bettelei (Bismarckstraße 58)	10
26.	Dessau, Vaterländischer Frauenverein	10
27.	Dortmund, Wohltätigkeitsverein (Betenstr. 35 a)	10
28.	Dresden, Verein gegen Armennot und Bettelei (Elbgäßchen 8)	10
29.	" Landesverein für innere Mission der evang.-luth. Kirche in Sachsen (Lüttichaustr. 18 II)	10
30.	Frankfurt a. M., Armenverein	15
31.	" Zentrale für private Fürsorge (Hochstr. 9 part.)	10
32.	" Institut für Gemeinwohl (Kettenhofweg 27)	10
33.	" Hauspflegeverein (Frau Stadtrat Flesch)	10
34.	Freiburg i. B., Charitas-Verband (Monsign. Dr. Werthmann)	10
35.	Gießen, Allgem. Verein für Armen- und Krankenpflege	10
36.	Graz, Landesverband für Wohltätigkeit in Steiermark	10
37.	Hamburg, Wohltätiger Schulverein (M. O. Strokarck, Röbingsmarkt)	10

Mitgliederbeiträge.
M.

38. Hamburg, Frauenverein zur Unterstützung der Armenpflege (Große Allee 8 Part.)	10
39. „ Gast- und Krankenhaus (Danzigerstr. 31)	10
40. Hannover, Deutsch-Evangel. Frauenbund (Frl. v. Feldmann, Lärchenstr. 11)	10
41. „ Verein gegen Hausbettelei (Maschstr. 3 A)	10
42. Karlsruhe, Landesverein für innere Mission (Adlerstr. 23)	10
43. „ Badischer Frauenverein	20
44. Karlsruhe, Zentralleitung d. Landesverbandes badischer Bezirksvereine f. Jugendschutz u. Gefangenenfürsorge (Herrenstraße 3)	10
45. Kiel, Gesellschaft freiwilliger Armenfreunde	10
46. Leipzig, Verein zur Verhütung der Hausbettelei (Prof. Dr. Howard, Mauricianum)	10
47. „ Armendiakonie des Vereins für innere Mission (Roßstr.)	10
48. „ Verein zur Fürsorge für kranke Arbeiter (A. Voerster)	10
49. Lübeck, Biblioth. der Gesellschaft zur Beförderung gemeinn. Tätigkeit (Königstr. 5)	10
50. Magdeburg, Provinzialerziehungsverein (Pastor Hildebrandt, Neustädterstr. 1)	10
51. „ Prov.-Ausschuß für innere Mission (Pastor Hoffmann, Olvenstr. 38)	10
52. Nordhausen, Verein für freiwillige Armenpflege	10
53. Nürnberg, Wärmstuben- und Wohltätigkeitsverein	10
54. „ Verein „Frauenwohl".	10
55. Reutlingen, Gustav Werner-Stiftung	10
56. Siegen, Armenunterstützungsverein	10
57. „ Vaterl. Frauenverein	20
58. Straßburg i. E., Charitas-Verband (Allerheiligenstr. 15)	10
59. Stuttgart, Lokalwohltätigkeitsverein	20
60. „ Zentralleitung des Wohltätigkeitsvereins	20
61. Wien, Verein Settlement XVI (Friedrich Kaiserstr. 51)	10

V. Einzelne Personen, Firmen u. s. w.

1. Altfelix, Dr. Oberbürgermeister, Lahr i. B.	5
2. Altona, Amtsrichter, Kiel	5
3. Aschaffenburg, L., Rentner, Köln (Salierring 46)	5
4. Aschrott, Dr. jur., Landgerichtsdir., Berlin W. 10 (Hildebrandstr. 8)	5
5. Bär, J., Stadtrat, Frankfurt a. M. (Feldbergstr. 51)	5
6. Baur, Dr. jur., Senator, Altona (Palmaille 75)	5
7. v. Begyats, Frau, Hamburg (Angerstr. 20)	5
8. Bendix, Domkapitular, Mainz	5
9. Bensheimer, A., Frau, Mannheim (L. 12, 18.)	5
10. Bering, Ass., Berlin W. 30 (An der Apostelkirche 5)	5

Mitgliederverzeichnis.

Mitgliederbeiträge.
M.

11. Blenck, Dr. jur., Geh. O.-Reg.-Rat, Präs. d. Kgl. Preuß. Stat. Landesamts, Berlin SW. (Lindenstr. 28) 5
12. Böckh, Dr. jur., Geh. Reg.-Rat, Prof., Charlottenburg (Wangenheimstraße 7) 5
13. Böhringer, F., Frau, Mannheim (L. 9. 1a) 5
14. Börner, Dr. med., Kreisarzt, Eschwege i. H. 5
15. v. Bothmer, Graf, München (Siegfr.-Str. 13) 5
16. Brennecke, Dr. med., Sanitätsrat, Magdeburg S. (Westendstr. 35) 5
17. Brößling, Stadtrat, Breslau (Ohlauufer 6) 5
18. Bücher, Dr. C., Professor, Leipzig (Gustav Adolfstr. 3 III) . . 5
19. Bütow, Dr., Berlin W. (Kurf. Damm 250) 5
20. Bürenstein, Kaufmann, Berlin W. (Markgrafenstr. 63) . . . 5
21. Buff, Dr. jur., Senator, Bremen 5
22. Claußen, H., Bremen (Gerhardtstr. 11) 5
23. Cohn, Frau Justizrat, Glogau (Wilh.-Pl. 8) 5
24. Cohn, Anna, Frau Dr., Charlottenburg (Mommsenstr. 17) . . 5
25. Cuno, I. Bürgermeister, Hagen i. W. 5
26. Doß, A., Baumeister, Hamburg (Nordenstraße 87) 5
27. Drape, Dir. d. Renten- und Kapitalvers.-Anstalt, Hannover (Landschaftsstr. 5) 5
28. Düttmann, Regierungsrat, Oldenburg 5
29. Edinger, Anna, Frau, Frankfurt a. M. (Leerbachstr. 27) . . 5
30. Eggers, H., Dr. jur., Rechtsanw., Bremen (Komturstr. 2) . . 5
31. Eicke, Dr. Sanitätsrat, Pöpelwitz b. Breslau (XVI) 5
32. Emminghaus, Dr. jur., Dir. d. Goth. Lebensvers.-Ges., Gotha 5
33. Engels, P., Kaufmann, Cöln (Sebanstr. 2) 5
34. Englund, G. Dir. des Armenwesens, Gefle (Schweden). . . 5
35. Ernst, Frau L., Elberfeld (Berliner Str. 27) 10
36. Eschle, Dr., Direktor, Sinsheim b. Heidelberg 5
37. Evert, Geh. Reg.-Rat, Berlin (Potsd.-Str. 134a) 5
38. Fabian, Dr. med., Berlin C. (Alexander-Str. 54) 5
39. Fähndrich v. Rabenau, Frau Al. verehel., Heidelberg (Gegenbauerstraße 5) 10
40. Falch, E., Ober-Regierungsrat, Stuttgart (Königsstr. 74) . . 5
41. Farnam, H. W., Prof., Newhaven Conn. U.St. (Hillhouse Av. 43) 5
42. Fehlert, C., Civiling., Berlin NW. (Dorotheenstr. 32) . . . 5
43. Finkelstein, Dr. med., Berlin W. 35 (Steglitzer Str. 45/46) 5
44. Flesch, Dr. jur., Stadtrat, Frankfurt a. M. 5
45. Frankel, Lee K., manager, United Hebrew Charities, New York (356 second avenue) 5
46. Freund, Dr. jur., Dir. d. Inv.- u. Alt.-Vers.-Anst., Berlin W. (Am Köllnischen Park 8) 5
47. Friedeberg, Dr., Assessor, Berlin NW. (Unter den Linden 42) 5
48. Friedemann, Frau A., Berlin W 8 (Kronenstr. 4/5) . . . 5
49. Galli, C., Oberst a. D., Charlottenburg (Knesebeckstr. 5) . . 5

	Mitglieder-beiträge. M.
50. Geibel, Dr. E., Buchhändler, Leipzig (Dresdener Str. 17)	10
51. Geiger, Dr. B., Justizrat, Frankfurt a. M. (Schillerstr. 22)	6
52. Gerhardt, Landesrat, Berlin W. 10 (Matthäikirchstr. 20/21)	5
53. Göhrs, E. H., Kaufm., Schiltigheim i. E.	5
54. v. d. Goltz, Frhr., Kreisdir., Diedenhofen	5
55. Goverts, Dr. jur., Landrichter, Hamburg, Heimhuderstr.	5
56. Grimm, Stadtrat, Frankfurt a. M. (Feldstr. 13)	5
57. Gronau, Stadtrat, Danzig (Jopengasse 11)	5
58. Großmann, Dr. phil., Reg.-Rat, Potsdam (Augustastr. 35 I)	5
59. Guericke, Oberleutnant, Straußberg	5
60. Guttstadt, Dr. med., Geh. Med.-Rat Prof., Berlin W. (Genthinerstraße 12)	5
61. v. Haehling, Rektor, Bochum	5
62. Hallgarten, Charl., Privatmann, Frankfurt a. M. (Miquelstr. 21)	5
63. Hamburg, Frau, Charlottenburg (Kantstr. 154)	5
64. Hammerstein, Stadtv., Berlin W. 57 (Kurf. Str. 20/22)	5
65. Hansen, Land-Vers.-Rat, Kiel	5
66. Hasenclever, B. jr., Remscheid (Schützenstr.)	5
67. Haupt, Beigeord., Duisburg-Ruhrort	5
68. Hauser, Dr. med., Ober-Med.-Rat, Karlsruhe	5
69. Heimann, G., Berlin S. 13 (Alexandrinenstr. 26)	5
70. Herse, Bürgermeister a. D., Gr.-Lichterfelde (Ringstr. 31)	5
71. Herzfeld, Dr. G., Wildpark b. Potsdam (Viktoriastr. 37)	5
72. Heyden, Dr. jur., Sekr. d. Bürgersch. Hamb.-Vorgf. (Alfredstr. 52)	5
73. Hildebrand, Senator, Bremen	15
74. Hirsch, P., Stadtverordneter, Charlottenburg (Spielhagenstr. 12)	5
75. Hirschberg, Dr., Prof., Charlottenburg (Berliner Str. 80a)	5
76. Höchstetter, P., Kirchenrat u. Dekan, Lörrach	5
77. Hoffmann, Stadtrat, Rixdorf (Schönstedterstr. 10 I)	5
78. v. Hollander, Bürgermeister, Mannheim (Rennershofstr. 15 II)	5
79. Hoppe, Pfarrer, Nowawes (Oberlinhaus)	5
80. Horion, Dr., Landesrat, Düsseldorf (Schillerstr. 45)	5
81. Horn, Dr. med., Sanitätsrat, Gnoien in Mecklenburg	5
82. Jacob, Siegfr., Charlottenburg (Grolmannstr. 30/31)	5
83. Jacobsohn, Justizrat, Posen	5
84. Jastrow, Dr. ph. Prof., Charlottenburg (Berl. Str. 54)	5
85. Jauch, J. C. A., Mitglied des Armen-Kollegiums, Hamburg-Borgfelde (Alfredstr. 23)	5
86. Kaae, Pastor, Kvärndrup (Dänemark)	5
87. Kalle, F., Prof., Stadtrat, Wiesbaden (Uhlandstr. 6)	15
88. Kelch, Dr. Geh. Ober-Reg.-Rat, Präs. des Heimatsamtes, Charlottenburg (Hardenbergstraße 37 II)	5
89. Klaiber, Finanzrat a. D., Stuttgart (Hohenheimererstr. 8)	5
90. Kluge, Sekr. der Armenverw., Hamburg (Mittelstr. 37)	5
91. Knauer, Dr. H., Hamburg-Eppendorf	5

Mitgliederbeiträge
M.

92. Knops, Stadtrat, Direktor, Siegen	10
93. Köhne, Dr., Amtsgerichtsrat, Berlin W., (Joachimtalerstr. 12 I)	5
94. Kramm, Pastor am Diak.-Hause, Witten a. H.	5
95. Kühtmann, Senats-Sekretär, Bremen (Contrascarpe 202)	5
96. Künzer, Bürgermeister, Posen (Gartenstr. 16)	5
97. Kunwald, Dr. jur., Hof- u. Gerichtsadv., Wien (Schulerstr. 1)	15
98. Langen, G., Kaufmann, Cöln (Jakobstr. 27)	10
99. Lehbert, Hofrat, Moskau (Pokrowsky most dom Jermakowa)	5
100. Lenel, Frau Alfred, Mannheim N. 7. 5	5
101. Levy, A., Dr. ph., Berlin W. (Wichmannstr. 14 III)	5
102. Levy, A., Dr. ph., Hamburg I (Jungfernstieg 2 II)	10
103. Lobethal, Kaufmann, Breslau (Nicolaistadtgraben 13)	5
104. Ludwig-Wolf, L., Stadtrat, Leipzig (Rathausring 5)	5
105. Maas, F., Privatmann, Frankfurt a. M. (Liebigstr. 3)	5
106. Maas, Frau Heinrich, Berlin W. (Hildebrandstr. 23)	5
107. Maaß, E., Buchhdlr. (Leop. Voß), Hamburg (Hohe Bleichen 34)	6
108. Maaß, Dr. L., Frankfurt a. M. (Schloßstr. 94)	5
109. Mainz, Sally M., Kaufm., Hamburg (Börsenhof)	5
110. Marck, Stadtrat, Breslau (Tauenzienplatz 11)	5
111. Marsop, Rentner, Berlin W. (Königin Augustastr. 43)	5
112. Martius, Stadtrat, Breslau (Alexander-Str. 12)	5
113. v. Massow, Geh. Ober-Reg.-Rat, Potsdam (Lenaustr. 12)	5
114. Matthies, Senator, Hamburg 8 (Grimmstr. 27)	10
115. May, Max, Heidelberg	5
116. v. Mayr, Dr. Prof., Unt. Staatssekr. z. D., München (Georgenstraße 38)	5
117. Meck, J., Pfarrer u. Gymn.-Lehrer, Mannheim	5
118. Mekler v. Traunwies, Frau, Wien I (Reichsratstr. 25)	5
119. Merton, W., Frankfurt a. M. (Guiolletstr. 24)	20
120. Mesthaler, Helene, Frl., Nürnberg (Rathausplatz 5)	5
121. Meßtorff, H. Th., Mitglied des Armen-Kollegiums, Hamburg (Hammerbrookstr. 76)	5
122. Meyer, P., Rechtsanwalt, Berlin SW. (Hall. Ufer 11)	5
123. Milbradt, Mag.-Rat, Berlin W. 30 (Arm. Dir.)	5
124. Minden, Dr., Ass., Synd., Berlin W. (Kleiststr. 1)	5
125. Mötel, Dr., Rechtsanw., Mannheim C. 2. 1	5
126. Müller, H., Superintendent, Gotha	5
127. Müller, Vorst. des Armen-Aussch., Stuttgart (Alter Schloßpl. 2)	5
128. Müller-Simonis, Dr., Straßburg i. E. (Sct. Leonh.)	5
129. Münsterberg, Dr., Stadtrat, Berlin W. (Dörnbergstr. 7)	5
130. Münsterberg, Komm.-Rat, Danzig-Langfuhr	5
131. Mugdan, Stadtrat, Berlin W. (Kurfürstenstr. 55)	5
132. Neuer, F., Dr. jur., Landessekretär, Graz (Albertstr. 13)	5
133. Nielsen, Senator, Bremen	15
134. Nietner, Dr., Ob.-Stabsarzt, Berlin W. (Eichhornstr. 9)	5

Mitgliederverzeichnis. XI

Mitglieder-
beiträge.
M.

135. Obst, A., Apotheker, Kotzenau 5
136. Peterson, Stadtrat, Breslau (Zwingerplatz 2) 5
137. Pfeiffer, W., Pastor, Berlin (Alt-Moabit 133) 5
138. Philippi, M. Fräul., Hamburg (Tesdorpfstr. 4) 5
139. Pieper, Dr. A., Generaldir., M.-Gladbach 5
140. Pierstorff, Prof., Jena 5
141. Pinkus, Th. Dr., Posen (Friedrichstr. 31) 5
142. Plaß, Dr., Direktor, Zehlendorf-Berlin 5
143. Poetter, Dr., Stadtbez.-Arzt, Chemnitz 5
144. Post, Frau Elisab., Mannheim (Kaiserring 18) 5
145. Post, Dr., Geh. Reg.-Rat, Berlin (Dessauerstr. 14) . . 5
146. Pringsheim, Stadtrat, Breslau (Ohlauufer 6) 5
147. Pütter, Geh. Reg.-Rat, Berlin (NW. 6 Charité) . . . 5
148. Quidde, L., München, (Leopoldstr. 42) 5
149. Raeder, Justizrat, Kopenhagen (Sortedams Dossering 101) . 5
150. Reiche, Landgerichtsdirektor, Kiel (Hohenbergstraße) . . . 5
151. Reicher, Dr. H., Wien (Riemergasse 5) 5
152. Reichensperger, C., Landger.-Präsid., Coblenz 5
153. Reinhard, Dr. jur., Wirkl. Geh. Reg.-Rat, Exz., Karlsruhe. 5
154. Reis, Ph., Kaufmann, Rentner u. Stadtverord., Mainz (Boni-
  faziusplatz 6) 5
155. Rivière, L., Paris (rue Jouffroy 91) 5
156. Robenacker, Dr. med., Pößneck i. Thür. 5
157. Rösing, M. F., Frl., Lübeck (Israelsdorfer Allee 18) . . . 5
158. Rösing, Ther., Frl., Lübeck (Röckstr. 1 a) 5
159. Rosenfeld, E., Dr. jur. et ph., Ass., Berlin W. 9 (Voßstr. 13) 5
160. v. Rosenstiel, Frau Landrat, Bunzlau 5
161. Rothfels, Dr., Rechtsanwalt, Cassel (Kölnische Str. 3) . 5
162. Ruland, Dr. jur., Justizrat, Rechtsanwalt, Colmar i. Els. . 5
163. Runge, Kaufmann und Beigeordneter, Wittenberge . . . 10
164. Sachs, Gust., Berlin (Brückenallee 1) 10
165. Salinger, M., Berlin (Georgenkirchplatz 9/10) 7.50
166. Salomon, A. Frl., Berlin W. 10 (Friedr. Wilh. Str. 7) . 5
167. Salzgeber, Dr., Berlin W. 15 (Kurfürstendamm 215) . . 5
168. Schemmann, Senator, Hamburg (Neueburg 12) 10
169. Schlumberger, Th., Geh. Komm.-Rat, Mülhausen i. E. 5
170. Schmidt, Stadtrat, Kiel (Friedrichstr. 46) 5
171. Schmoller, Dr., Professor, Berlin W. (Wormser Str. 13) . 5
172. Schneidewin, Frau, Magdeburg (Beethovenstr. 4) . . . 5
173. Schober, Dr.jur., Geh.Reg.-Rat a.D., Leipzig (Rathausring 9II) 10
174. Schrader, Eisenbahndir. a. D., Berlin W. (Steglitzer Str. 68). 20
175. Schriftleitung der Blätter für Armenwesen, Graz 5
176. Schröter, W., Dr., Anstalts-Dir., Dresden-Neust. (Residenzstr. 27) 5
177. Schultz, A. Frl., stud. jur. Heidelberg (Karlstr. 16) . . 5
178. Schultze, Frau verw. Pastor, Breslau (An der Elisabethkirche 1/2) 5

		Mitglieder-beiträge. M.
179.	Schwander, R., Dr. jur., Beigeordneter, Straßburg (Neudorf)	5
180.	Scipio, Anna, Frau, Mannheim N 7. 12	5
181.	Sell, O., Pastor, Leipzig (Albertstr. 38 II)	5
182.	Siegel, Amtsger.-Präs., Leipzig (Kaiser Wilhelmstr. 23 II)	5
183.	Silbergleit, Prof. Dr., Berlin W. (Martin Lutherstr. 75)	10
184.	Simon, Leontine, Frau Konsul, Mannheim	5
185.	Singer, C., Dr., München (Thal 1 III)	5
186.	Smith, Alfr., Rittergut Nimbsch a. Bober (Post Reinswalde)	5
187.	Staehle, Fanny, Fräul., Stuttgart (Kanzleistr. 9)	5
188.	Stage, Hauptpastor, Hamburg VIII (Kathar.-Kirchhof 26)	5
189.	Stern, Dr. med., Schöneberg b. Berlin (Vorbergstr. 14)	5
190.	Stockmayer, C., Stadtrat, Stuttgart (Silberburgstr. 93A.)	5
191.	Straka, Kaufmann u. Bezirksvorst., Breslau (Am Rathause 10)	5
192.	Straßmann, Dr. med., Geh. San.-Rat, Berlin N.W. 23 (Brückenallee 36)	5
193.	Strempel, P. Th. A., Hamburg (An der Verbindungsbahn 2 II)	5
194.	Suhl, E., Frl., Lübeck (Gartenstr. 20)	5
195.	Thein, C., Dr. jur., Rechtsanwalt, Pardubitz	5
196.	Töner, J. H. J., Hamburg-Eppendorf (Lockstedter Weg 102)	10
197.	Töplitz, Dr. med., San.-Rat, Breslau (Goethestraße 24/26)	5
198.	Traun, Hinr., Dr. phil., Senator, Hamburg (Meyerstr.)	5
199.	Uhles, Geh.-Rat, Berlin (Tiergartenstr. 3 a)	15
200.	Voerster, A., Buchhändler, Leipzig (Salomonstr. 1)	5
201.	Volkmann, M., Fräul., Leipzig (Rudolfstr. 4 II)	5
202.	Voßberg, W., Dr., Berlin W. 30 (Neue Winterf.-Str. 43 I)	5
203.	Wallich, A., Frau, Charlottenburg (Uhlandstr. 8)	5
204.	Walz, Dr. jur., Bürgermeister, Heidelberg (Neuenheimer Landstr.)	5
205.	Weddigen, L., Dr. jur., Wiesbaden (Kapellenstr. 34)	5
206.	Weicker, Dr. med., Görbersdorf i. Schles.	10
207.	Wentzel, Dr. jur., Hamburg (Gr. Bleichen 64)	5
208.	Werthmann, Dr., Monsign., Geistl. Rat, Freiburg (Baden), (Belfortstr. 20)	6
209.	Wielandt, Wirkl. Geh.-Rat, Dr., Präs. des Evangel. Ober-Kirchenrates, Exzellenz, Karlsruhe (Stephanienstr. 12)	6
210.	Willmersdorfer, Th., München (Türkenstr. 50 II)	5
211.	v. Wintzingerode, Graf, Landeshauptmann a. D., Bodenstein	5
212.	Wolffohn, Dr. med., Berlin O. (Stralauer Allee 34)	5
213.	Würmeling, Dr. Geh. Reg.-Rat, Steglitz (Schillerstr. 2)	5
214.	Ziegler, Joh., Kfm., Mannheim (Tratteurstr. 21)	5
215.	v. Zieten-Schwerin, Graf, Wustrau bei Potsdam	5
216.	v. Ziller, Staatsminister, Exz., Meiningen	5
217.	Zimmermann, Dr., Geh. Fin.-Rat, Braunschweig (Kaiser Wilh.-Str. 87)	5

Zentral-Ausschuß.

(Wahl und Zuwahl von 1904.)

1. Dr. Aschrott, Landgerichtsdirektor, Berlin.
2. Bachmann, Landesrat, Kiel.
3. Dr. Blenck, Präsident des Königl. Preuß. Statistischen Landesamtes, Berlin SW. 68, Lindenstr. 28.
4. Evert, Geh. Regierungsrat, Berlin W. 9., Potsdamerstr. 134 a.
5. Falch, Oberregierungsrat, Stuttgart.
6. v. Frankenberg, Stadtrat, Braunschweig.
7. Gahlemann, Bürgermeister, Königshütte.
8. Freiherr v. d. Goltz, Kreisdirektor, Diedenhofen.
9. Grote, Senator, Hannover.
10. Hintze, Landeshauptmann, Danzig.
11. Künzer, Bürgermeister, Posen.
12. Mau, Pfarrer, Kiel.
13. Dr. Ruland, Justizrat, Kolmar i. Els.
14. Dr. Schön, Senator, Lübeck.
15. Dr. Stooß, Senator, Lübeck.
16. Zimmermann, Geh. Finanzrat, Braunschweig.
17. Dr. Schwander, Beigeordneter, Straßburg i. Els.
18. Westram, Bürgermeister, Ratibor.
19. Widmann, Oberregierungsrat, Ludwigsburg.

(Wahl und Zuwahl von 1905.)

1. Brugger, Beigeordneter, Cöln a. Rh.
2. Fischer, Bürgermeister, Magdeburg.
3. Dr. Freund, Vorsitzender der Verf.-Anst. Berlin, W 35, Karlsbad 33.
4. v. Graba, Landeshauptmann, Kiel.
5. Dr. Greve, Beigeordneter, Cöln a. Rh.
6. Hartmann, Beigeordneter, Barmen.
7. v. Hollander, Bürgermeister, Mannheim.
8. Dr. Hildebrand, Senator, Bremen.
9. Dr. Häschberg, Prof., Dir. des statistischen Amtes Berlin.
10. Höchstätter, Kirchenrat, Lörrach.
11. Jackstein, Stadtrat, Potsdam.
12. Dr. Kayser, Bürgermeister, Nauheim.
13. Knops, Direktor und Stadtrat, Siegen.
14. Kuhn, Stadtrat, Dresden.
15. Ludwig-Wolf, Stadtrat, Leipzig.
16. Martius, Stadtrat, Breslau.
17. v. Massow, Geh. Oberregierungsrat, Potsdam.
18. Meyer, Bürgermeister, Stoppenberg.
19. Dr. Münsterberg, Stadtrat, Berlin.
20. Nielsen, Senator, Bremen.

21. Olshausen, Rat des Senates, Hamburg.
22. Dr. Pabst, Geh. Regierungsrat, Oberbürgermeister, Weimar.
23. Peterson, Stadtrat, Breslau.
24. Pütter, Geh. Regierungsrat, Direktor der Kgl. Charité, Berlin.
25. Dr. Sachs, Geheimerat, Karlsruhe i. B.
26. Samter, Stadtrat, Charlottenburg, Herderstr. 2.
27. Schemmann, Senator, Hamburg.
28. Dr. theol. Schlosser, Pfarrer, Gießen.
29. Schmedding, Landesrat, Münster i. W.
30. Schmidt, Stadtrat, Kiel.
31. Schütt, Senator, Altona.
32. Dr. Silbergleit, Prof., Berlin.
33. Stockmeyer, Gemeinderat, Stuttgart.
34. Dr. Werthmann, Päpstl. Geheimkämmerer und Erzbischöfl. Geistl. Rat, Präsident des Charitas-Verbandes, Freiburg i. Br.
35. Dr. Würmeling, Geh. Regierungsrat, Charlottenburg, Fasanenstr. 28.

(Wahl und Zuwahl von 1906.)

1. Aders, Beigeordneter, Elberfeld.
2. Böckh, Stadtrat, Karlsruhe i. B.
3. Dr. Böhmert, Geh. Regierungsrat, Professor, Dresden.
4. Dr. Buehl, Sekretär des Senates, Hamburg.
5. Cuno, 1. Bürgermeister, Hagen i. W.
6. v. Dehn-Rothfelser, Landesrat, Kassel.
7. Fleischmann, Rechtsrat, Nürnberg.
8. Dr. Flesch, Stadtrat, Frankfurt a. M.
9. Dr. Freiherr v. d. Goltz, Landesdirektor a. D., Kreitzig i. Pr.
10. Grimm, Stadtrat, Frankfurt a. M.
11. Dr. Hauser, Obermedizinalrat, Karlsruhe i. B.
12. Herse, Bürgermeister a. D., Groß-Lichterfelde.
13. Höpfner, Pastor, Hannover.
14. Dr. Kelch, Präsident des Bundesamts für das Heimatwesen, Charlottenburg, Hardenbergstr. 33.
15. Dr. Kautz, Geh. Regierungsrat, Charlottenburg, Knesebeckstr. 86/87.
16. Dr. Klumker, Frankfurt a. M.
17. Dr. Levy, Berlin W., Wichmannstr. 14.
18. Dr. v. Mayr, Unterstaatssekretär z. D., Professor, München.
19. Dr. Menzinger, Rechtsrat, München.
20. Dr. Müller-Simonis, Armenrat, Straßburg i. E., St. Leostr. 5.
21. Ostertag, Bürgermeister, Gotha.
22. Rath, Stadtrat, Dortmund.
23. Dr. Reiche, Landgerichtsdirektor a. D., Kiel.
24. Dr. Schmidt, Beigeordneter, Mainz.
25. Steinhäußer, Rechtsrat, München.
26. Weber, Stadtrat, Leipzig.
27. Graf v. Wintzingerode, Landeshauptmann a. D., Bodenstein, Kreis Worbis.

Printed by Libri Plureos GmbH
in Hamburg, Germany